당신의 인생을 바꾸는
슈퍼 아웃풋 공부법

BENKYONOU

당신의 인생을 바꾸는

슈퍼 아웃풋 공부법

가바사와 시온 지음 · 정지영 옮김

중앙books

90퍼센트의 사람은 '이것'을 모른다

'나는 머리가 나빠서 공부해도 소용이 없어.'

'공부는 하는데, 영 효과가 나오지 않아.'

'공부해도 뒤돌아서면 까먹는데.'

'공부가 어렵고 싫어.'

만약 당신이 이렇게 생각하고 있다면 머리가 나쁜 것이 아니라 공부하는 방법을 모르기 때문이다.

우리는 어릴 때부터 줄곧 공부하라는 말을 들으며 자랐지만, 공부법을 체계적으로 배운 적은 있는가? 학교에서 가르쳐주지도 않고, 공부를 어려워하는 부모에게 배울 수도 없다. 요즘에는 학원에서 공부법을 가르치는 곳이 있을 수도 있지만, 그곳에서 배운 사람은 매우 운이 좋다고 할 수 있다.

세상 사람의 90퍼센트는 공부법을 모르기 때문에 자기만의 방식으로 공부한다. 자기식대로 골프를 치면 실력이 늘기 어렵듯이 공부도 헛수고를 하는 경우가 많다. 결과적으로 공부의 효과가 전혀 달라진다.

전례 없는 성인 학습의 시대

최근 리스킬링Reskilling이 주목받고 있다. 리스킬링이란 개인 또는 기업이 변화하는 사회와 노동시장에 적응하기 위해 새로운 기술과 지식을 습득하는 일이다. AI(인공지능)처럼 나날이 진화하는 과학 기술을 따라가려면 인간도 반드시 최신 정보나 기술을 배워서 버전업해야 한다. 또한 커리어 향상을 위해 이직하고자 한다면 기술의 연마와 리스킬링은 필수적이다.

인생 100세 시대, 어른들이 '배움의 재출발'을 한다는 말도 자주 들려온다. 퇴직으로 커리어가 종료되는 것이 아니라 제2의 인생이 시작되는 것이다. 다시 시작할 절호의 기회라고 할 수 있다. 그런 제2의 인생을 준비하기 위해 중년과 노년층이 자격증을 취득하거나 대학이나 대학원에 들어가는 일이 당연한 시대가 되었다.

코로나 사태를 계기로 온라인 수강 환경도 조성되었다. 예를 들어 온라인으로 저렴한 영어 회화 레슨을 받을 수 있다. 온라인 강좌를 활용해 집에서도 다양하게 배울 수 있는 시대가 열린 셈이다. 전례 없는 성인 학습의 시대가 찾아왔다고 봐도 좋을 것이다.

공부하는 사람과 하지 않는 사람의 양극화

그런데 지하철 안을 둘러보면 사람들은 거의 스마트폰을 보고 있다. 책을 읽는 사람은 열에 하나 정도 될까? 물론 스마트폰으로 공부하는 사람도 있겠지만 게임, 동영상 등 오락 콘텐츠를 즐기는 사람이 대부분이다. 전례 없는 성인 학습의 시대가 오고 있지만, 실제로 뚜렷한 목적의식을 품고 공부하는 사람은 아직 많지 않다.

게다가 일본인 중에 책을 읽지 않는 사람의 비율은 62.6퍼센트로 전체의 60퍼센트를 넘었다고 한다. 독서를 하지 않는, 즉 공부에 손도 대지 않는 사람이 60퍼센트 이상이나 되는 것이다.

이렇게 공부하는 사람과 공부하지 않는 사람이 극명하게 나뉘어 양극화를 보이고 있다. 공부를 아예 안 하는 사람이 수입을 늘릴 수 있을까? 지금보다 월급을 많이 주는 회사로 이직할 수 있을까? 상당히 어려울 것이다.

공부의 양극화는 그대로 수입의 양극화로 이어진다. 즉, 꾸준히 공부만 하면 더 많은 기회가 열린다는 뜻이다.

당신은 공부를 통해 더 높은 가능성으로 올라가겠는가? 아니면 스마트폰이나 게임에 빠져서 점점 아래로 내려가겠는가?

무적의 공부법

학습의 너머에는 무한한 기회가 펼쳐져 있는데, 왜 공부에 손이 가지 않을까?

바로 공부가 즐겁지 않기 때문이다. 중학교, 고등학교, 대학에 들어가기 위해 거치는 시험과 입시 때문에 억지로 공부했던 경험이 공부를 싫어하는 사람을 만들어 낸다.

자신이 흥미 있는 것을 조사하고 '아, 그렇구나!' 하고 깨달음을 얻으면 저절로 신이 나기 마련이다. 하지만 그런 경험이 없는 사람은 배움의 즐거움을 알 수 없다.

사람은 즐거운 일에는 정신없이 빠져든다. 이 책은 공부를 싫어하던 당신의 마음을 공부를 즐기는 마음으로 바꿔 줄 것이다. 그러면 끝없이 즐거운 배움이 시작된다. 매일 자신의 성장을 실감하고 하루하루가 신나는 배움의 일상을 만들어보자. 공부가 즐겁다고 느껴지는 슈퍼 아웃풋 공부법을 손에 넣으면 당신은 무적이 될 것이다.

AI 시대에서 살아남는 방법은 공부뿐

최근 AI는 엄청난 기세로 발전하고 있다. 한 달 간격, 아니 일주일 간격으로 새로운 기능이 추가되어 버전업되고 있다. 그야말로 일취월장으로 진화하는 셈이다. 이런 진보를 따라가는 것은 간단한 일이 아니다.

AI를 적극적으로 사용하는 사람은 최신 과학 기술을 적극적으로 비즈니스에 활용하고, 업무를 효율화한다고 볼 수 있다. AI를 거의 사용하지 않는 사람은 과학 기술의 진보를 전혀 따라가지 못한다. 이 양쪽의 차이는 점점 더 멀어지고 있다.

당신은 어느 쪽인가? AI를 잘 활용하고 있는가? 5년 후, 10년 후에 AI를 전혀 다루지 못한다면 어떨까? 현대 사회에서 스마트폰을 전혀 사용하지 못하는 것과 비슷할 정도로 상당히 심각한 상황이 될지도 모른다.

AI만이 아니라 새로운 기술, 서비스, 과학 기술에 흥미와 관심을 보이는 것은 머리의 좋고 나쁨과 전혀 상관이 없다. 호기심의 차이가 있을 뿐이다.

호기심의 근원이 되는 뇌 속 물질 아세틸콜린은 새로운 것을 선호한다. 호기심이 왕성하고 아세틸콜린의 작용이 활발한 사람은 새로운 AI 서비스를 보면 우선 사용해보려고 하고, 능숙하게 다루고 싶어 한다.

AI 시대에는 호기심과 배움으로 무장한 AI 강자와 배움을 멀리하는 AI 약자 사이의 양극화가 점점 더 두드러질 수밖에 없다.

이 책의 제2장에서는 공부가 좋아지는 방법에 관해 빠짐없이 설명한다. 억지로 힘들게 새로운 스킬을 배우는 것이 아니라 호기심을 키우며 즐겁게 배우기 바란다. 사실 새로운 것을 배우는 일 자체가 인생을 즐겁고 풍요롭게 해준다. 그 점을 깨달았으면 한다.

무리해서 애쓰는 것이 아니라 재미와 즐거움의 연장선상에 AI를 능숙하게 다루는 자기 자신을 발견할 수 있다.

공부가 치매를 막는 가장 좋은 방법

세계보건기구WHO는 2050년에 전 세계 치매 환자 수가 1억 5,280만 명으로 현재의 3배가 될 것으로 예측하고 있다. 미국 질병통제예방센터CDC는 2배라는 예상을 내놓았다.

만약 아무 대책 없이 그대로 현실화되면 사회는 궤멸한다. 의료비, 간병비, 사회 보장비가 폭증하는 한편, 노인을 뒷받침하는 젊은이의 수는 급격히 감소하고 있기 때문이다. 돈도 없고, 간병할 사람도 없다. 인류 존망의 위기가 사실상 치매의 예방에 달린 것이다.

하지만 불안해할 필요는 없다. 다행히 치매 연구는 활발하게 진행 중이고, 예방법도 상당히 명확하게 제시되어 있다. 7시간 이상의 수면과 주 120분 이상의 운동, 난청·고혈압·당뇨병 예방, 흡연과 과도한 음주 피하기, 고독을 피하고 배움 활동을 이어가기. 이런 일을 조합하면 치매의 45퍼센트를 예방할 수 있다는 연구 결과도 있다.

이 중에서도 내가 주목하는 것은 배움 활동이다. 전 세계 연구 기관에서 교육을 받은 이력이 긴 사람일수록 치매 발병 위험이 낮다는 연구가 많이 나오고 있기 때문이다.

다양한 것을 배우는 사람은 기억력 등의 인지 기능이 다소 저하되어도 보완할 수 있다. 이를 '인지 예비능'이라고 한다. 공부, 배움 활동으로 뇌 신경세포 사이의 연결이 강화되고 뇌 손상에 대한 저항력도 높아진다. 노화로 뇌세포가 다소 죽어도 인지 예비능으로 치매가 발병하지 않을 수 있다는 말이다.

오랫동안 교육을 받은 사람이나 사회인이 되어도 배움을 게을리하지 않은 사람은 인지 예비능이 높다. 반면에 노년층이 아무것도 배우지 않고, 집에만 틀어박혀 사람도 만나지 않은 채 텔레비전만 보거나 스마트폰만 한다면 인지 기능이 확 떨어져 치매로 직행하게 된다.

100세 시대라고 하지만, 몸도 건강하고 두뇌도 활발하게 돌아가는 상태에서 즐겁게 장수하고 싶은 법이다. 그러기 위해서는 지금부터 배움 활동을 시작할 필요가 있다.

배우는 사람과 배우지 않는 사람 사이에서는 분명 인지 기능의 격차가 나타난다. 그런 의미에서 공부하는 뇌는 치매를 예방한다고 말할 수 있다.

100만 명 이상 가르친 경험의 집대성

정신과 의사가 왜 공부법을 이야기하는지 의문이 생기는 사람도 많을 것이다. 그래서 지금까지 내가 가르친 경험이 얼마나 있는지 되짚어보고자 한다.

먼저 의학부에 재학하던 6년 동안 아르바이트로 학원 강사와 과외 일을 했다. 대학 1학년과 2학년 때는 지역에서 유명한 입시학원에서 중학생 30명반을 2년 동안 담당했다. 주 2회, 같은 멤버로 2년 동안 가르쳤기 때문에 마치 담임 같았다. 성적이 좋지 않은 아이들을 맡았기 때문에 고생을 좀 했지만, 성적이 나쁜 아이는 왜 성적이 나쁜지 파악할 수 있었다.

대학 3학년부터 6학년까지는 과외를 했다. 고등학생을 대상으로 수학, 물리·화학 등의 이과 과목을 총 10명 이상에게 가르쳐 전원 지망하는 학교에 합격시켰다. 일대일 교육을 통해 사람이 어떻게 공부에 흥미를 보이는지, 어떤 타이밍에 성적이 오르는지 관련된 학습 데이터를 상세하게 축적할 수 있었다.

의사가 되고 나서는 간호학교에서 5년 정도 강사를 했다. 과목은 물론 정신의학이다. 주 1회, 90분 강의를 3개월 정도 담당했기 때문에 상당히 힘들었다. 이때는 어떻게 가르쳐야 상대가 이해하는지에 집착했다. 어떻게 해야 잘 전달할 수 있을지 고심했다. 당시의 경험이 지금 내가 강연가로 일하는 데에 기초를 닦아주었다.

진료 업무를 보면서 환자를 위한 공부 모임, 지역 노인을 위한 치매 예방 강연회, 고등학교나 소년원에서 각성제 예방 강연회를 하는 등 많은 강연 활동을 소화했다.

삿포로 의대의 의국에도 6년 동안 몸담았기 때문에 임상 실습을 하는 의학생, 간호학생, 연수의까지 지도했다.

2007년에 가바사와 심리학 연구소를 설립한 후에는 집필과 강연을 중심으로 활동하고 있다. 현재까지 18년 동안 매달 2~4

회의 강연, 세미나, 연수회 활동을 지속하고 있어서 총 700회 이상, 누계 참가자 수는 10만 명을 넘었다.

2009년에는 저자와 강사를 목표로 하는 공부 모임 '웹 심리 학원'을 시작해 매달 1회 세미나를 열었다. 지금까지 참가한 인원은 총 2,000명 이상이고, 200명 이상의 저자를 배출했다.

웹 심리 학원에서는 단순히 웹상의 콘텐츠 제공에 그치지 않고, 강연장에서 실제 개최하는 세미나와 친목회를 통해 직접 얼굴을 맞대고 지도하고 있다.

이렇게 중학생, 고등학생, 대학생, 의학생, 간호학생, 의사, 환자, 지역 주민, 직장인 그리고 소년원에 입소 중인 청소년들까지 다양한 직업과 연령대의 10만 명이 넘는 사람들에게 공부를 가르쳐왔다.

요즘은 유튜브에 주력하고 있다. '정신과 의사 가바사와 시온의 가바 채널'을 16년간 매일 업로드하며 정신의학·심리학을 알기 쉽게 배우도록 돕고 있다. 유튜브 구독자 수는 60만 명을 넘었고, 동영상 총 재생 횟수는 3억 5,000만 회 정도이기 때문에 엄청난 수의 사람이 시청해주었다고 할 수 있다.

그리고 메일 매거진, X, 페이스북을 활용해 정신의학에 관련된 정보를 제공하고 있다. 이런 콘텐츠를 2004년부터 지금까지 21년 동안 매일 실행했다. 모든 팔로어 수를 합하면 누적 100만 명이 넘는다.

인터넷상의 정보 제공 활동까지 교육 활동에 포함한다면 40년 이상 누적 110만 명 이상의 사람에게 공부를 가르치는 활동을 해온 셈이다. 이 책에는 이런 내 경험이 집대성되어 있다.

성인의 배움은 학교 공부와 달리 즐기면서도 폭발적으로 성장할 수 있다. 부디 이 책을 통해 어른의 공부법을 습득하기 바란다.

정신과 의사가 처방하는
성장을 위한 공부법

혹시 직장에 유난히 '요령 좋은 사람'이 있지 않은가? 평상시 열심히 공부하는 모습은 보이지 않고, 오히려 노는 시간이 많아 보인다. 그런데 상사가 질문이라도 하면 정확한 데이터와 최신 통계, 구체적인 사례를 순식간에 인용해 상사를 이해시켜 신뢰와 업무의 공적을 낚아채 간다.

어느 회사에나 그렇게 딱히 공부도 노력도 하지 않는 것처럼 보이는 요령 좋은 사람이 있다. 그런 사람일수록 상사의 두터운 신임을 받고, 출세도 빠르다.

그렇다면 요령 좋은 사람과 그렇지 않은 사람의 차이는 무엇이 만들까? 바로 공부의 효율이다. 요령 좋은 사람은 효율적이고 낭비 없는 공부를 한다. 대부분은 매일 업무에 쫓기며 정신없이 하루를 보내고 있을 것이다. 요령 좋은 사람은 그 바쁜 일상에서도 틈새 시간을 활용해 아침이나 퇴근 후의 소중한 시간을 공부에 투자한다.

하지만 어른은 수험생과 달라서 하루에 몇 시간씩 공부할 시간을 낼 수 없다. 하루 1시간, 혹은 몇 시간의 짧은 시간을 효율적으로 사용하는 것이 필수다.

낭비 많은 공부를 하는 사람은 인생의 패자가 되고, 요령 있고 효율적으로 공부하는 사람은 인생의 승자가 된다. 어른의 공부는 효율이 생명이다.

최소 시간으로 최대의 효율을 발휘해 업무 성과와 자기 성장으로 만드는 방법. 그것이 이 책에서 전하고자 하는 낭비하지 않는 공부법이다.

공부법을 바꾸면 인생이 달라진다

이 책을 펼쳤다면 당신은 지금의 삶을 한 단계 더 나아지게 만들고 싶을 것이다. 그리고 공부가 현실을 바꿀 수 있다는 가능성 또한 느끼고 있을 것이다.

당신의 직감은 틀리지 않았다. 사람은 본래 배우는 것을 좋아하고, 호기심으로 가득한 존재다. 그렇지 않았다면 과학과 문화가 이렇게까지 빠르게 발전할 수는 없었을 테니 말이다.

사실 대부분의 사람은 배움을 좋아하며, 그 안에는 놀랄 만큼 강력한 성장 잠재력이 숨겨져 있다. 그러나 시험과 입시에 시달려온 환경 탓에 공부에 혐오감과 두려움이 생겼고, 자신이 똑똑하지 않다는 열등감에 사로잡히게 되었다. 게다가 올바른 공부법도 알지 못해서 저도 모르는 사이에 비효율적인 공부를 반복하면서 쉽게 성과를 내지 못하는 수렁에 빠져들고 있다. 그것이 지금 당신의 모습일지도 모른다.

하지만 걱정하지 말자. 뇌과학과 심리학이 급속도로 발전하면서 충분한 연구 데이터와 근거가 뒷받침된, 뇌과학적으로 올바른 공부법이 밝혀지고 있다.

나는 방대한 연구 데이터를 정신과 의사의 지식으로 정리하고 분석했으며 110만 명에게 가르쳐 온 경험을 통해 실천과 이론의 양쪽에서 확실히 검증된 공부법을 만들어 냈다. 효율을 극대화해 짧은 시간에도 확실한 성과를 내고, 그 결과를 성장으로 이어가게 하는 공부법.

그것이 바로 이 책에서 전하는 슈퍼 아웃풋 공부법이다. 바쁜 업무를 처리하면서도 틈을 내 공부하는데, 그 노력이 성과를 만들어 내지 못한다면 얼마나 속상할까? 부디 이 책을 통해 당신의 인생을 바꿀 공부법을 익히길 바란다. 그 배움이 자기 성장으로 이어져 더 충실하고 풍요로운 삶을 살게 된다면, 저자로서 그보다 더 큰 기쁨은 없을 것이다.

제1장 | 어른의 공부법은 인생을 바꾼다

제6장 | 나만의 슈퍼 아웃풋으로 한계를 넘어라

제7장 | 끈기가 없다면 이렇게 극복하라

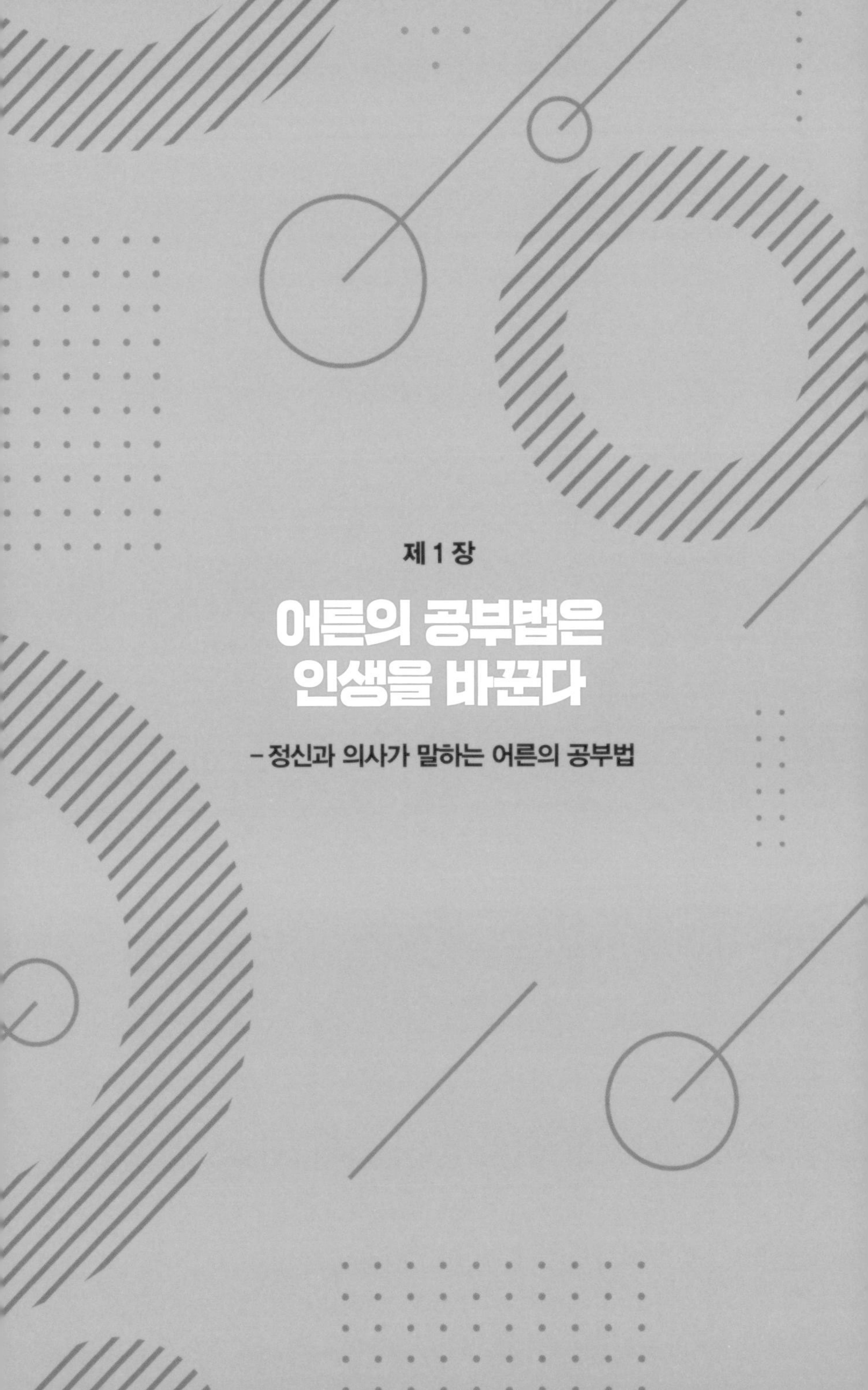

제 1 장

어른의 공부법은 인생을 바꾼다

– 정신과 의사가 말하는 어른의 공부법

당신이 공부로
얻을 수 있는 5가지 강점

당신의 인생에서 가장 중요한 것은 무엇인가?

건강, 돈, 시간, 사람(인연·가족), 자기 성장·자아실현 중에서 선택하는 사람이 많을 것이다.

사실 공부하면 이런 것은 전부 손에 넣을 수 있다.

세상 사람은 두 부류로 나뉜다. 공부하는 습관이 있는 사람과 공부하는 습관이 없는 사람이다. 성인이 된 후에도 꾸준히 배우는 습관이 없다면 공부가 주는 엄청난 이득을 잘 모른다. 만약 그 가치를 제대로 알게 된다면 누구나 참을 수 없을 만큼 공부하고 싶어질 것이다.

이 어른의 공부법에 대해 설명하기 전에 알아야 할 게 있다. 바로 내가 공부법에 집중하는 이유, 그리고 공부로 얻을 수 있는 이점을 먼저 이야기하고자 한다.

강점 1 공부하면 현실이 달라진다

공부는 나를 한 단계 더 성장시킨다

빨간 약과 파란 약, 둘 중 어느 쪽을 고르겠는가? 빨간 약을 고르면 진짜 현실 세계로 가서 실제 자신으로 살아갈 수 있다. 파란 약을 고르면 이제까지 그랬던 대로 가상 현실 속의 삶이 이어진다. 빨간 약과 파란 약을 고르는 이 상황은 키아누 리브스 주연의 SF 영화 '매트릭스The Matrix'의 한 장면이다.

이제 영화가 아닌 현실 이야기를 해보자. 당신은 빨간 약과 파란 약, 어느 쪽을 고르겠는가? 빨간 약을 고르면 자기 능력을 마음껏 발휘해서 지금과는 전혀 다른 자아실현이 가능한 세상에서 살 수 있다. 파란 약을 고르면 오늘과 별 다름없는 생활이 죽을 때까지 이어진다.

평생 지금처럼 살아도 괜찮을까? 오늘과 똑같은 생활이 10년, 20년 후까지 이어진다면 행복할까? 그 인생에 후회는 없을까?

이렇게 말하면 대다수가 현실을 변혁하는 빨간 약을 선택할 것 같지만, 실제로는 90퍼센트가 넘는 사람이 현상 유지를 원하는 파란 약을 고른다. 지하철을 타보면 한눈에 알 수 있다. 스마트폰을 들고 있는 사람은 파란 약을 고른 사람이다. 책을 읽고 있는 사람은 빨간 약을 고른 사람이다.

매일 지하철 안에서 독서하면 3일에 한 권, 한 달에 10권의 책을 읽을 수 있다. 10년이 지나면 독서량은 얼마나 차이가 날까? 대강 권수로 말하자면 10년에 1,200권이고, 퇴직 전까지 40년 동안 5,000여 권이 된다. 어지간한 도서관 수준으로 차이가 난다.

그렇지만 지하철 안을 둘러보면 스마트폰으로 게임을 하거나 SNS를 보고 있는 사람이 대다수다. 게임은 즐거움을 주지만 100시간, 1,000시간 게임을 해도 자신의 지식은 늘어나지 않으며 행동도 바뀌지 않는다. 업무 능력을 올릴 수도 없고, 급여도 오르지 않는다. 늘어나는 것은 게임 캐릭터의 경험치와 데이터 요금뿐이다.

공부하면 자기 성장이 이루어진다. 자기 성장을 하면 능력이 향상되고, 할 수 있는 일의 종류도 양도 대폭 달라지니 결국 현실이 바뀐다. 말 그대로 공부가 인생을 바꾸는 셈이다.

공부의 목적은 행동과 습관을 바꿔 현실을 바꾸는 일

인생은 행동을 바꾸지 않는 한 바뀌지 않는다. 어제와 같은 일을 반복한다면 어제와 같은 나날이 이어질 뿐이다. 행동을 바꾸려면 정보나 지식을 인풋할 필요가 있다. 새로운 지식을 넣으면 새로운 행동이 생겨나고 그것이 곧 습관이 된다. 결국 자신의 인생을 바꾸는 거의 유일한 수단은 공부다. 현실을 바꾸고 싶다면 공부하면 되고, 그대로 안주하고 싶다면 매일 스마트폰이나 게임을 실컷 붙들고 있으면 된다.

현실을 바꾸는 빨간 약과 현상을 유지하는 파란 약. 당신은 어느 쪽을 선택하겠는가? 그런데 사실 당신에게 고를 권리는 없다. 이 책을 펼친 시점에서 이미 빨간 약을 선택했기 때문이다.

공부하면 무언가가 바뀔 것 같다는 당신의 예감은 틀리지 않았다. 이미 빨간 약을 삼켜서 공부의 진정한 의미를 깨닫고, 공부의 즐거움을 느끼고, 자신의 능력과 가능성을 100퍼센트 발휘해 자기 성장과 자아실현을 이룰 세계로 들어선 셈이다. 이제 되돌아갈 수는 없다. 공부와 배움을 통해 현실을 바꾸는 방법을 함께 알아보고, 실행해 나갈 일만 남았다.

강점 2 인생의 승자가 된다

학생의 공부와 어른의 공부는 다르다

우리에게는 매우 잘못된 상식이 있다. 좋은 대학에 입학하고 열심히 스펙을 쌓아 졸업하고, 안정적인 대기업에 취직하는 것이 사회적 성공이라는 생각이다. 그래서 누구나 부러워하는 글로벌 기업이나 대기업에 들어가지 못한 사람 중에는 자신을 인생의 실패자라고 여기는 경우도 있다. 만약 다른 작은 회사에 취직을 하더라도 '내 인생은 왜 이 모양이야'라고 마치 인생이 끝난 것처럼 의욕을 잃는 사람도 있다.

하지만 대학 때까지 하는 공부와 사회인에게 필요한 공부는 전혀 다르다. 예를 들어 우리는 고등학교 때 미분, 적분을 배웠다. 수학 중에서도 미분과 적분을 공부하는 데에 상당한 시간을 할애했지만, 나는 사회인이 된 뒤에 즉 의사가 되고 나서는 단한 번도 미분과 적분을 사용한 적이 없다.

대학에서 영문과를 전공한 학생이 취직해서 사회인이 된 뒤에 영어 실력을 십분 발휘할 기회가 얼마나 있을까? 물론 외국계 기업에 취직했거나 외국 기업과 매일 소통해야 하는 회사에 다니는 사람도 있을 것이다. 하지만 영어를 전혀 사용하지 않는 회사에 다니는 사람이 더 많다.

결국 학창 시절 성적이 매우 우수했다고 해도 사회에 나간 뒤에 고스란히 도움이 된다고 단정할 수는 없다. 영어 성적이 아무리 뛰어나도 영업직에 몸담고 있다면 당장 필요한 것은 영업 기술이지 영어 실력이 아니다.

사회에 나가서 고등학교, 대학교에서 배운 것을 전혀 살리지 못하면 실망하는 사람도 많을 것이다. 그러나 사실 그곳에는 엄청난 기회가 숨겨져 있다. 사회인이 된 순간 과거의 성적은 전부 초기화되어 제로가 되기 때문이다.

공부법은 인생의 필승법

인생의 초기화는 삶을 재정비할 절호의 기회다. 그런데도 우리는 사회인이 되고 나면 공부에서 손을 놓는다. 일본의 사회인 중에 책을 읽지 않는 사람의 비율은 62.6퍼센트(2023년 일본 문화청 조사)라고 한다. 만화, 잡지를 제외하고 책을 한 권도 읽지 않는 사람의 비율이 60퍼센트를 넘었다.

대체로 학생 시절에 성적이 상위권이었던 사람들이 초기화 뒤의 2라운드 싸움에서도 승리를 거둔다. 그들의 머리가 좋기 때문이 아니다. 그들이 2라운드에서도 승리하는 것은 공부법을 알고 있기 때문이다.

올바른 공부법을 알고 있는 사람은 무언가 새로운 것을 배우려고 할 때 가장 빠르게 낭비 없이 습득할 수 있다. 학업도, 사회인의 공부도, 스포츠도, 취미도 전부 마찬가지다.

공부법은 결국 인생의 필승법과 같다. 알고 있는 사람은 인생의 다양한 승부에서 항상 승리할 수 있다. 모르는 사람은 실패만 거듭하며 언제까지나 그 이유를 깨닫지 못한다. 과연 당신은 어느 쪽인가?

인생의 위기를 전부 기회로 바꾸는 방법

인생의 초기화는 살면서 가끔씩 일어난다. 다른 부서로 발령이 나거나 업무 내용이 확 바뀔 때, 본사에서 지방의 지사로 이동하거나 대리에서 과장으로 승진하는 등 맡은 업무가 달라지는 순간에는 하나부터 열까지 전부 새로 배워야 한다. 지금까지 해온 방식은 이제 통하지 않는다. 배움이 초기화되는 일은 위기일 수도 있고, 기회일 수도 있다.

공부법을 알고 있는 사람에게 이직과 전근과 승진은 전부 기회다. 공부법을 알고 있는 사람은 환경에 적응하는 능력이 뛰어나고 변화에 강하기 때문이다.

공부법을 모르는 사람에게 이직과 전근과 승진은 전부 위기다. 실제로 이런 일을 계기로 우울증에 걸리는 사람도 많다. 어떤 사람들에게는 환경이 변하고 인생이 제로로 초기화되는 일은 몹시 스트레스가 된다.

앞으로의 인생에서는 많은 위기가 찾아올 것이다. 그러나 인생의 필승법인 슈퍼 아웃풋 공부법을 알고 있으면 그 위기를 거뜬히 극복하고, 오히려 기회로 바꿀 수 있다.

지금 시작해도 다음 초기화가 있다

학생에서 사회인이 되어 모든 공부가 제로로 초기화되는 절호의 기회는 누구나 경험하지만, 사람들은 사회인이 되고 나면 공부를 멀리하는 경향이 있다.

반면에 사회인이 되어서도 공부를 소홀히 하지 않는 사람은 회사에서 좋은 평가를 받아 승진하고 급여도 올라간다. 공부하지 않는 사람은 아무것도 바뀌지 않는다. 회사에서 좋은 평가를 받을 일도 없고, 출세도 급여도 제자리이거나 그보다 못할 수도 있다.

사회인들은 이미 공부와 멀어진 사람이 많다. 앞으로 진지하게 공부를 시작한다면 엄청난 효과를 볼 수 있다. 공부하지 않는 사람은 멈춰 선 사람이고 공부하는 사람은 꾸준히 걸어가는 사람이다. 멈춰 서 있던 사람이 조금씩이라도 걷기 시작한다면 당연히 멈춰 서 있는 사람들을 잇달아 앞지를 수 있다.

'학교 다닐 때 공부했던 것으로도 모자라서 어른이 되고 나서도 공부하라니 정말 지긋지긋해.'

이렇게 생각하는 사람도 많을 것이다. 그러나 애석하게도 성장하고 싶은 사람이라면 평생 공부에서 멀어질 수 없다. 사회 공부나 자기 성장을 위한 공부를 하지 않으면 한없이, 어쩌면 죽을 때까지 제자리걸음을 할 수도 있다.

지금부터라도 올바른 공부법을 배우고 제대로 공부를 시작하면 다음 기회를 잡을 수 있다. 그러면 실패만 거듭하던 인생도 연전연승의 인생으로 바뀌는 것이다.

재능이 없다는 변명

"나는 어차피 잘하는 게 없어요."

"○○ 씨는 재능이 있어서 좋겠어요."

세상에는 이렇게 자기가 잘되지 않는 이유를 재능 탓으로 돌리는 사람이 있다. 하지만 사실 재능은 존재하지 않는다.

가령 시각장애 피아니스트 쓰지이 노부유키를 보자. '쓰지이 씨는 피아노에 재능이 있다'고 생각하는 사람이 많을 것이다. 그렇다면 쓰지이 씨는 바이올린에도 재능이 있을까? 쓰지이 씨가 피아노가 아니라 바이올린에 뜻을 두고 있었다면 지금처럼 세계적으로 활약하는 음악가가 될 수 있었을까? 그것은 아무도 모른다.

그렇다면 왜 쓰지이 씨가 피아노에 재능이 있다고 파악했을까? 연주 솜씨가 훌륭하기 때문이다. 또한 반 클라이번 국제 피아노 콩쿠르에서 일본인으로는 처음 우승했으며, 세계적으로 활약하면서 많은 팬의 마음을 사로잡았기 때문이다.

이는 단순히 결과일 뿐이다. 훌륭한 결과를 만들어 냈으므로 '틀림없이 피아노에 재능이 있다'라고 믿을 뿐이다. 반대로 질문해 보겠다. 유례없는 피아노 재능이 있으면서 성공하지 못한 사람이 있을까?

재능이라는 것은 큰 성공을 이룬 사람에게 주어진 칭호 같은 것이다. 천부적으로 타고난 소질과는 전혀 관계가 없다. '이 사람은 세계적인 피아니스트가 될 것이다'라고 예측하는 것도 불가능하다.

재능은 존재하지 않는다. 재능은 단순한 결과이며, 성과를 내지 못한 사람이 자신을 정당화하고 스스로 위로하기 위해 사용하는 변명에 불과하다.

모차르트는 정말 천재였는가

플로리다 주립대학 심리학부 교수 안데르스 에릭슨Anders Ericsson은 자신의 분야에서 최정상에 오른 사람들을 오랫동안 연구했다. 그는 《1만 시간의 재발견》에서 최고가 되어 성공하는 사람은 재능과 거의 관계가 없으며, 압도적이고 효율적으로 노력해서 성공을 거두었다고 결론 내렸다.

여섯 살 때 관중의 탄성을 자아내는 연주 실력을 보여주었던 모차르트는 누가 봐도 천재 같았을 것이다. 하지만 사실 그의 아버지는 음악 교사였으며 유년기부터 모차르트에게 피아노 영재 교육을 했다고 한다. 음악 교육은 최대한 어릴 때 시작해야 좋다는 이야기는 오늘날 상식에 가깝고, 여섯 살에 피아노를 능숙하게 연주하는 아이도 제법 있다. 하지만 18세기 유럽에서는 그런 것을 아는 사람은 없었으므로 어린 나이에 피아노를 능숙하게 다루는 모차르트를 천재라고 여긴 것이다. 사실 유년기부터 엄청난 피아노 연습량을 소화한 모차르트는 노력형 인간이었다.

위에서 언급한 책에는 이외에도 노벨상 수상자가 다른 연구자보다 훨씬 많은 논문을 쓴다는 이야기, 세계적인 체스 플레이어의 연습량에 관한 이야기 등 풍부한 사례와 100편 이상의 논문을 인용해서 성공하려면 타고난 재능보다 적절한 노력이 중요하다는 것을 과학적으로 명확히 밝히고 있다.

재능보다 중요한 건 적성

재능은 결과이므로 처음부터 존재하지 않는다. 그렇지만 사람에게는 천성적으로 무언가에 맞는 성질이 있다. 그것이 바로 적성이다. 재능은 없지만, 적성은 분명히 존재한다.

쓰지이 노부유키와 관련된 유명한 이야기가 있다. 그가 다섯 살 때 사이판으로 가족여행을 갔을 때의 일이다. 한 쇼핑몰에서 자동으로 연주하는 피아노를 발견한 쓰지이는 피아노를 치고 싶다며 점원에게 부탁했다. 그리고 리처드 클레이더만의 곡을 편곡해 멋지게 연주하자 "브라보!" 하는 환호성이 터져 나오며 주변이 떠들썩했다고 한다.

그는 사람들 앞에서 피아노를 연주해 사람들을 기쁘게 했고,

자신도 즐거움을 얻었다. 피아노 연주가 정말 즐겁다고 진심으로 느꼈을 것이다.

이렇게 진심으로 즐겁다고 느끼는 일이 바로 적성이다. 재능은 존재하지 않지만, 적성은 틀림없이 존재한다. 그리고 적성을 찾은 사람은 방대한 노력을 쏟으면 성과를 얻을 수 있다. 수식으로 표현하자면 '적성×노력의 양=성과'라고 할 수 있다.

적성을 알아내는 것은 간단하다. 마음속으로 즐겁다고 느끼고 열중할 수 있는 일이 바로 적성이다. 어떤 분야의 전문가가 되려면 1만 시간 이상 노력해야 한다는 이야기가 있다. 자신의 적성에 맞는 일은 1만 시간을 들여 피나는 노력을 해도 즐겁게 지속할 수 있다.

반면 적성에 맞지 않는 일은 힘들어서 도중에 포기하고 만다. 적성이라는 꽃이 피기도 전에 지는 셈이다. 여기에서는 노력이라고 말했지만, 스포츠나 음악 분야에서는 연습이 되고, 지적 작업에서는 공부가 된다.

모든 사람에게는 어떤 적성이 있으니 그것을 발견해서 갈고 닦아야 한다. 다양한 일에 도전하면 적성을 찾을 수 있다. 학교 과목 중에서도 사람에 따라 수학을 잘할 수도 있고, 국어를 잘할 수도 있으며, 영어가 특기일 수도 있다. 이처럼 적성은 어디에든 숨어 있다. 그러니 여러 가지를 해보지 않으면 자신의 적성이 무엇인지 알 수 없다.

공부하면 적성을 찾을 수 있고, 공부하면 적성을 연마할 수 있다. 누구에게도 재능이라는 것은 없으니 걱정하지 말자. 당신에게는 분명 어떤 적성이 있다. 그 적성을 발견하고, 공부해서 갈고닦으면 분명 꽃을 피워 눈부신 성과를 낼 것이다.

강점4 눈부시게 성공한다

공부는 한 만큼 결과가 나온다

"영업사원들은 공부를 잘 안 해요."

영업사원인 사람이 들으면 기분이 나쁠지도 모르겠지만, 내 지인 중에 가장 유능한 영업사원에게 들은 이야기다. 내가 운영하는 '웹 심리 학원'의 멤버인 자이쓰는 외국계 제조회사의 우수한 영업사원이다. 한 해의 할당량을 연초 한 달만에 달성한다고 하니 정말 놀랍다. 그는 공부를 아주 열심히 하는 사람이다. 내 세미나와 공부 모임에도 열심히 참가해 출석률이 가장 높은 멤버 중 하나이며, 독서량도 상당하다.

그에게 "영업사원들은 모두 그렇게 열심히 공부하나요?"라고 물었더니 위의 대답이 돌아왔다. 정확히 말하자면 성과를 내지 못하는 영업사원은 대부분 공부하지 않는다는 의미다. 일단 동료 영업사원들은 대부분 책을 읽지 않는다고 한다. 만화책은 봐도 비즈니스 분야의 책은 전혀 읽지 않는다. 그는 비즈니스 분야의 책을 엄청나게 읽었지만, 그런 책에 관해 이야기를 나눌 동료가 한 명도 없다고 했다.

자이쓰는 회사의 우수 영업사원이므로 가지고 있는 영업 노하우도 상당히 많다. 내 생각엔 다른 사람들도 그런 최고급 영업 노하우를 당연히 알고 싶을 것 같았다. 그런데 "후배들이 영업 노하우를 자꾸 알려달라고 하겠네요?"라고 물으니 "영업 노하우를 묻는 사람은 별로 없어요"라는 대답이 돌아왔다.

자이쓰의 회사 사람들은 타고난 영업 재능이라고 여겼기에 그의 노하우를 따라 할 수 없다고 판단했다. 그래서 영업 노하우를 가르쳐달라고 청하는 사람이 거의 없었다.

'영업 대학'을 운영하며 영업에 관련된 책을 20권 이상 집필하고 있는 요시노 마유미吉野 真由美에게도 똑같이 질문하자 "공부하는 사람과 하지 않는 사람의 비율은 2대 8 정도일 거예요. 80퍼센트 정도의 영업사원은 공부를 거의 하지 않는 셈이에요. 영업에 관련된 책을 읽는 사람은 20퍼센트 정도죠. 거기에 강좌를 수강하거나 본격적으로 공부하는 사람은 10퍼센트도 되지 않을 겁니다"라고 했다.

상당수의 영업사원이 영업 실적이 좋지 않음에도 영업에 관련된 공부를 하지 않는다. 영업 전문가 요시노 마유미는 "공부를 제대로 하면 영업에서 성과를 확실히 낼 수 있습니다. 영업은 재능이 아니라 방법이기 때문에 올바른 방법을 배우고, 제대로 실행하면 누구라도 성과를 낼 수 있어요"라고 말했다. 공부하면 한 만큼 누구라도 성과를 낼 수 있다. 업무 성과도 역시 마찬가지다.

능력 있는 매는 발톱을 숨긴다

공부의 첫 단계는 공부법을 배우는 일이다. 나는 학창 시절 성적이 우수한 친구들의 공부법을 알아내려고 이런저런 질문을 했었다. "몇 시간 정도 공부해?"라고 묻자 그들은 신기하게도 "공부 하나도 안 해"라며 입을 모았다. 나는 마음속으로 '거짓말이지. 분명히 매일 6시간 넘게 공부할 거야'라고 생각하면서도 "아, 그래?"라고 대꾸할 수밖에 없었다.

공부를 잘하는 사람은 겸손하다는 이미지가 있었기 때문에 그들이 하는 말을 곧이곧대로 받아들이지 말자고 생각했지만, 지금은 마음이 달라졌다.

가령 누군가 지금 "가바사와 씨는 매일 엄청나게 공부하시지 않나요?"라고 묻는다면 나는 이렇게 대답할 것이다.

"공부는 아예 안 해요."

나는 한 달에 20~30권의 책을 읽고, 매일 서너 시간이 넘는 시간 동안 집필을 한다. 하지만 그것은 공부가 아니라 즐거움이다. 책을 읽는 일도, 글을 쓰는 일도 다른 사람의 눈에는 당연히 공부로 보이겠지만, 내게는 즐거움이므로 공부 시간으로 분류하지 않는다.

아마 공부를 잘하던 반 친구들의 마음도 비슷했을 것이다. 공부를 잘하는 사람의 가장 큰 공통점은 공부를 즐긴다는 점이다. 필사적으로 애를 쓰거나 억지로 공부하지 않는다. 태연하게 "공부 하나도 안 해"라고 말한 것은 겸손이 아니라 진심이었을 것이다.

공부를 제대로 하는 사람은 즐기면서 공부하기 때문에 그 사람을 관찰해도 필사적으로 기를 쓰고 있다는 느낌이 별로 들지 않는다. 정말로 공부하는 사람일수록 "공부에는 아예 손도 안 대요"라고 태연하게 말한다. 애쓰고 노력하는 분위기조차 나지 않는다. 열심히 공부하는 사람일수록 공부하는 모습을 남에게 보이지 않는다. "능력 있는 매는 발톱을 숨긴다"라는 말은 딱 이런 경우다.

이 의미를 모르면 '역시 천부적으로 머리가 좋은 사람은 다르지' '나는 따라 할 수 없어'라고 무기력한 기분이 들지도 모른다.

성과를 내는 사람들은 그 누구보다 열심히 공부하고 있다. 직장에서 성공하는 사람은 공부하지 않는 듯이 보여도 사실 조용히 공부하고 있다. 그리고 중요한 점은 그들이 공부를 즐기고 있다는 사실이다. 그래서 필사적이지 않고, 오히려 느긋해 보이기까지 한다.

학교 성적은 공부하기에 달렸다. 업무 실적도 공부를 얼마나 하느냐에 따라 바뀐다. 게다가 즐기면서 하지 않으면 오래 할 수 없고, 시간 낭비가 된다. 이것이 "능력 있는 매는 발톱을 숨긴다"라는 말에서 도출할 수 있는 결론이다.

강점5 성장으로 행복해진다

인간이 행복을 느끼는 순간

서점에 가면 행복론에 관련된 책이 쭉 진열되어 있다. 책에 따라 행복을 실현하는 방법을 다르게 이야기하겠지만, 내가 말하는 행복론은 아주 간단하다.

우리가 행복을 느낄 때 뇌에는 도파민이라는 물질이 분비된다. 도파민이 분비되면 행복을 느끼기 때문에 도파민을 행복 물질이라고도 부른다.

"행복이란 무엇인가?"에 관해서는 철학적으로 논의할 수도 있지만, 뇌과학적으로는 사실 간단하다. 도파민이 분비되면 누구나 행복을 느끼고, 행복해지는 것이다. 그렇다면 어떻게 해야 도파민이 분비될까?

그것은 자기 성장이 이루어졌을 때다. 어제까지 하지 못했던 일을 오늘 해냈을 때 해냈다는 성취감과 함께 도파민이 분비된다.

돈이 많아서 부자가 되면 행복해진다고 생각하는 사람도 있겠지만, 그렇지 않다. 고액 복권에 당첨되고도 금전 감각을 상실해서 오히려 불행해진 사람이 많다는 이야기를 들어본 적이 있을 것이다.

뇌과학적으로 말하자면 아주 기쁠 때나 커다란 목표를 달성한 순간 도파민이 나오지만, 곧 분비를 멈춘다. 그다음에 도파민이 나오려면 전보다 더 큰 목표를 달성하거나 더 기쁨을 주는 경험을 해야 한다. 행복을 얻기가 어렵다는 말이다. 오히려 불완전하고 부족하다는 생각이 들거나 현재 상황에 불만과 불안을 느끼게 된다.

올림픽 금메달리스트가 메달을 따고 난 뒤에 동기 부여가 사라지는 것도 같은 이유다. 3억 원의 복권에 당첨된 사람은 그 후에 5억 원을 손에 넣지 못하면 행복을 느끼지 못한다. 이렇게 큰 돈을 손에 넣어도, 크나큰 목표를 달성해도 행복해지지 않는다면 어떻게 해야 행복해질 수 있을까?

어렵지 않다. 어제보다 조금이라도 생활을 개선하거나 수입을 늘리거나 불가능했던 일을 해내면 된다. '작은 개선'과 '작은 성과'를 반복하는 동안에도 도파민은 충분히 분비된다. 결국 사람은 자기 성장의 과정에서 가장 행복을 느끼는 것이다.

결론을 말하자면 우리가 행복해지는 방법은 바로 '성장'이다. 평생 자기 성장을 이어가면 행복한 일생을 보낼 수 있다.

그렇다면 자기 성장을 위해서는 어떻게 해야 할까? 이때 중요한 것이 바로 공부다. 공부는 새로운 지식과 경험, 깨달음을 얻는 일이다. 공부를 통해 행동과 습관이 바뀌고, 기술과 기능이 발전한다. 그리하여 스스로 한 단계 더 성장한다.

반면에 공부에 손을 놓고, 새로운 것을 습득하거나 경험하지도 않은 채 자기 성장을 할 수 있을까? 스마트폰으로 매일 게임만 하면 10년 후에 수입이 두 배로 오를 수 있을까? 쉽지 않을 것이다.

공부는 자기 성장의 속도를 높여 자아실현에 한 걸음 더 다가가게 한다. 이 과정에서 성취 경험은 도파민을 분비시키고, 이는 행복감으로 이어진다. 즉, 공부는 행복에 도달하는 가장 확실한 경로 중 하나다.

온 힘을 다해 공부하고 있는데 전혀 행복하지 않다고 느끼는 사람도 있을 것이다. 그런 사람은 무엇을 공부하는지, 어떻게 공부하는지 다시 살펴보자. 어쩌면 헛수고를 하고 있을지도 모른다.

자기 성장, 자아실현을 하려면 무엇을 공부해야 하는지, 어떻게 공부해야 하는지 앞으로 각 장에서 자세히 살펴보자.

당신의 공부가
늘 실패하는 4가지 이유

이 책을 펼친 당신은 아마도 공부에 관련된 고민이 있을 것이다. 매년 새롭게 공부 목표를 세워봐도 연말이 되면 이룬 게 없었을 수 있다. 또는 무엇을 어떻게 공부해야 좋을지 모르겠고, 공부해도 생각한 만큼 성과가 나오지 않을 수도 있다. 큰마음 먹고 공부해도 공부한 내용이 잘 습득되지 않아서 헛수고한다는 기분이 들기도 한다.

공부에 관한 고민은 사람마다 제각각이다. 그래도 크게 정리하자면 '공부가 괴롭고 즐겁지 않다, 무엇부터 해야 할지 모르겠다, 동기 부여가 지속되지 않는다, 공부하는 내용의 핵심을 파악하지 못한다'의 4가지로 크게 나눌 수 있다. 하나씩 알아보자.

공부는 정말 고통일까

공부가 정말 즐겁고, 공부하는 순간이 아주 신나며, 틈만 나면 공부하고 싶은 사람은 거의 없을 것이다. 대개 공부는 괴롭고 고통을 준다. 뒤로 미루고만 싶고, 안 할 수 있다면 그러고 싶다. 공부하기보다 노는 편이 훨씬 즐거운 것이 당연하다.

한마디로 공부를 즐기는 사람은 즐기면서 공부에 몰두하여 압도적인 성과를 내는 사람이고, 공부가 고통스러운 사람은 성과를 내지 못하는 사람이다.

그런데 자신이 모르는 지식을 습득하는 일은 새로운 발견으로 호기심을 자극해서 즐거운 기분을 느끼게 해준다. 공부로 새로운 지식을 습득해 꾸준히 자기 성장을 하는 과정은 큰 기쁨으로 이어진다.

철학자 아리스토텔레스는 《형이상학Metaphysics》의 시작을 "모든 인간은 본성적으로 알고자 하는 욕구가 있다"라는 말로 열었다. 알고자 하는 욕구, 즉 호기심은 인간이 지닌 근원적인 욕구라는 것이다.

호기심을 보이고, 배우고, 자기 성장을 하는 것은 매우 자연스럽고 본디 즐거운 일이다. 하지만 학교 교육과 수험 공부의 시스템 때문에 공부는 괴롭다는 인식이 생겼다.

공부가 괴롭다는 마음을 공부가 즐겁다는 마음으로, 공부가 싫다는 생각을 공부가 좋다는 생각으로 바꿀 수만 있다면 우리 마음속에 공부 혁명이 일어날 것이다. 공부가 참을 수 없이 재밌어서 틈만 나면 책을 펼치고 공부하고 싶어진다. 그렇게 될 수 있다면 우리는 폭발적으로 나아가는 성장 엔진을 손에 넣는 셈이다.

관점을 조금만 바꾸면 배움 자체가 성취 경험으로 느껴진다. 이런 방식으로 사고가 전환되면 공부는 평생 지속할 수 있는 긍정적 습관이 된다.

공부를 괴로움에서 즐거움으로 바꾸자. 공부가 즐거워져서 공부의 효율이 눈에 띄게 높아지는 방법은 '제2장 뇌가 즐거운 공부법'에서 살펴보겠다.

이유2 무엇부터 해야 할지 모르겠다

성과를 내는 가장 빠른 지름길 찾기

학생의 공부법과 어른의 공부법의 가장 큰 차이는 교과서나 교재가 있느냐 없느냐이다. 대학 입시는 고등학교 교과서를 확실히 공부하면 어느 정도 고득점을 올릴 수 있다. 교과서와 아예 관련 없는 문제는 일반적으로 잘 출제되지 않는다. 결국 교과서를 착실히 공부하면 된다는 보증이 있다.

그러나 사회에 나간 어른의 세계에는 교과서가 없다. 가령 영업부에 근무하는 직원이 매월 할당량을 채우지 못해서 실적 부진으로 고민하고 있다고 하자. 이 상황을 어떻게든 타파하고 무슨 수를 써서라도 영업 실적을 올리고 싶다. 그러기 위해 어떤 공부라도 할 작정이다. 이럴 때 어떻게 하면 좋을까?

책을 읽고 공부하기 위해서 서점에 가도 영업 관련 서적이 수십 권 진열되어 있다. 그중 어떤 책을 사야 할지 전혀 감이 오지 않는다. 확실히 영업 능력을 올려줄 만한 한 권의 책이 있다면 망설임 없이 그것을 고를 것이다. 하지만 정말로 그런 책이 있다면 실적 부진으로 고민하는 영업사원이 있을 리가 없다.

그렇다면 영업 실적이 좋은 선배에게 물어보면 어떨까? 비싼 돈을 들여 '영업력 향상 세미나'를 수강한다면? 매일 실제 영업 현장을 뛰어다니면서 배워야 할까?

어른의 세계에는 무조건 성과가 나온다고 하는 정석 공부법이 존재하지 않는다. 따라서 '업무 능력을 갈고닦자! 공부하자!'라고 생각해도 무엇을 교재로 삼아서 어떻게 공부해야 할지 물음표가 떠오르는 것이다.

결국 잘못된 교재를 골라서 멀고 먼 길로 돌아가는 공부를 하다가 성과는 보지 못한 채 공부와 담을 쌓던 원래 자기 모습으로 돌아가는 결말을 맞게 된다.

교과서가 없는 사회인의 공부는 어떤 발상으로 어떻게 시작해야 좋을까? 그것이 성과와 자기 성장으로 연결되는 최단 거리를 찾아내는 방법이고, 이 책의 중요한 주제다. 그동안 나왔던 공부법 책에서 별로 언급되지 않았던 중요 포인트이기도 하다.

무엇을 어떻게 공부해야 할까? 성과로 이어지는 가장 빠른 지름길은 어떤 식으로 설정해야 할까? 그 방법은 제3장 '어른의 공부법 4가지 전략'에서 살펴보자.

이유 3 동기 부여가 지속되지 않는다

왜 꾸준히 하기 힘들까?

어느 마을에 기우제를 지내면 무조건 비를 내리게 하는 제사장이 있었다. 가뭄으로 고심하던 마을의 장로가 이 제사장에게 기우제를 부탁했다. 제사장은 기우제를 시작했지만, 비는 내리지 않았다. 일주일이 지났지만 비는 여전히 내리지 않았다. 그래도 제사장은 기우제를 계속했다. 2주가 지나도 비는 내리지 않았다. 그래도 제사장은 기우제를 멈추지 않았다.

기우제를 시작한 지 무려 4주가 지났을 무렵 드디어 비가 내리기 시작했다. 제사장은 이렇게 말했다.

"마침내 기우제가 성공했습니다!"

우스운 이야기 같지만, 이 속에는 많은 교훈이 담겨 있다. 내가 좋아하는 이야기라서 강연과 세미나에서 자주 소개하고 있다. 중도 포기하지 않고 성공할 때까지 계속하면 반드시 성과를 얻어 성공할 수 있다는 의미다.

꾸준히 하는 것이 중요하다는 것을 알면서도 실행에 옮기지 못하는 사람이 많다. 처음에는 의욕에 불타지만, 몇 개월씩 공부하는데도 성과가 나오지 않고 성장한다는 느낌을 받지 못하면 의욕이 뚝 떨어져서 어느새 포기하고 만다. 공부를 꾸준히 하지 못해서 성과가 나오기 전에 포기하는 사람이 대부분일 것이다.

어째서 공부를 꾸준히 하기가 이렇게 어려울까? 성과가 나오는 데에 시간이 걸리기 때문이다. 단기간에 자그마한 성과라도 좋으니 효과를 실감한다면 동기 부여는 유지된다. 뇌과학 분야에서는 동기 부여의 연구가 활발히 진행 중인데, '보상 시스템 Reward system'을 활성화해서 도파민을 분비시키면 된다고 보고 있다.

뇌과학으로 뒷받침된 꾸준히 공부하는 요령과 무리하지 않고 낭비 없이 공부를 지속하는 방법에 대해서는 제7장 '10년 지속 공부법'에서, 동기 부여가 강하지 않아도 일상에서 자동으로 배움을 얻는 방법은 제4장에서 설명하겠다.

이유4 핵심을 파악하지 못한다

낭비하지 않는 공부법이 필수

중학교, 고등학교 수업 시간에 선생님은 자주 이런 말씀을 하셨다.

"이 부분은 무조건 시험에 나오니까 기억해 둬!"

그러면 이 부분이 실제로 시험에 나왔고 당연히 정답을 맞혔다. 그런데 시험이 끝나고 답안 용지를 걷을 때 옆자리 친구의 답안을 흘끗 보면 선생님이 무조건 나온다고 했던 문제를 틀린 모습이 보였다.

시험에는 잘 나오는 핵심 부분이 있다. 그런 핵심 부분을 잘 파악하는 사람은 단시간에 매우 효율적으로 공부한다. 그러나 선생님이 무조건 시험에 나온다고 한 아주 중요한 핵심 문제조차 틀리는 사람도 있다. 그야말로 시간과 노력을 낭비하는 셈이다.

가장 중요한 부분, 반드시 나오는 부분, 선생님이 강조했던 부분, 말하자면 중요 포인트와 시험의 핵심 부분을 우선하면서 끝까지 쭉 공부하는 것이 정석이다. 그리고 남은 시간에 세부적인 부분, 중요도가 낮은 부분, 아주 미세한 부분을 훑으면서 문제를 골라내는 것이 일반적인 방법이다. 물론 처음부터 순서대로 하나도 빠짐없이 공부를 진행하는 사람도 의외로 있다.

그런데 막상 공부하려고 보니 핵심이 어딘지 모르겠고, 포인트를 놓쳤다는 사람도 많다. 같은 시간을 공부해도 결과가 달라지는 이유가 여기에 있다. 시험은 다른 사람과 같은 시간을 공부해도 더 점수를 잘 받아야 한다. 그러려면 최단 시간에 최대 효율을 내는 공부를 해야 한다. 그래서 핵심을 파악하는 공부, 낭비 없는 공부가 필수적이다.

그 방법에 대해서는 제5장에서 전달하겠다. 또한 제6장에서는 제5장을 더욱 발전시킨 '슈퍼 아웃풋 공부법'에 관해서도 설명하겠다.

공부의 첫걸음은 공부법을 아는 일

나는 대학생 시절 학원 강사 아르바이트를 했다. 그 학원은 진학 코스와 일반 코스로 클래스를 나누었는데, 나는 일반 코스를 담당했다. 솔직히 말하자면 성적이 좋지 않은 아이들을 모아놓은 클래스였다.

성적이 좋지 않은 아이들과 매주 함께 지내다 보니 성적이 좋은 아이와 성적이 나쁜 아이의 차이점을 알게 되었다. 성적이 나쁜 아이에게는 세 가지 특징이 있다. 공부를 싫어하고, 집중력이 유지되지 않으며, 공부법을 모른다. 이 세 가지 요소는 서로 밀접하게 관련되어 있다.

먼저 공부 방법을 모르기 때문에 아무리 공부해도 결과물이 좋지 않다. 성과가 나오지 않으니 공부의 재미를 알지 못한다.

결과적으로 공부가 좋아지지 않는다. 싫어하는 일을 억지로 강요받는 느낌이라서 집중력이 금방 무너진다.

이 세 가지 중 가장 꼭대기에 위치하는 요소가 공부법을 모른다는 것이다. 공부법을 아는 아이는 자기만의 공부 스타일이 있다. 공부 계획을 제대로 세워서 무엇을 어디서부터 시작해야 하는지 알고 있다. 당연히 성적이 좋을 수밖에 없다.

공부법을 모르는 아이는 자기만의 공부 스타일이 없다. 무작정 필사적으로 뛰어들지만 의욕만 가득할 뿐이다. 무엇을 어디서부터 손대야 할지 모른다. 계획을 세우는 것이 서툴다기보다 계획이 없다고 봐야 할 것이다. 시험 범위를 처음부터 몽땅 외우려고 하다가 시간 배분을 잘못해서 공부할 범위를 다 보지도 못한다. 결국 성적이 안 좋게 나온다.

성적을 가르는 가장 큰 차이는 무엇일까? 아이의 성적이 나쁜 것은 타고난 머리와는 상관없으며, 공부법을 모르는 것이 가장 큰 원인이다. 나는 그런 결론에 도달했다.

미국 유학을 결정하고 내가 맨 처음 한 일

나는 살면서 죽기 살기로 공부한 적이 딱 네 번 있다. 고교 입시, 대학 입시, 의사 국가시험, 그리고 유학 전 영어 공부다.

나는 39세부터 3년 동안 미국 시카고 대학에 유학한 적이 있다. 사회인이 되고 나서 가장 필사적으로 공부한 적은 그 유학을 가기 전 1년 동안이었다. 유학이라고 해도 비상근 직원으로 급여를 받고 일을 했기 때문에 그만큼 책임이 뒤따랐다. 과학 연구 토론을 영어로 해내야 한다는 이야기였다.

유학처가 구체적으로 정해진 것은 미국으로 건너가기 1년 전이었다. 그렇다는 것은 공부할 기간이 앞으로 1년밖에 남지 않았다는 말이다. 1년 안에 영어 실력을 월등히 향상시키려면 어떻게 해야 할까?

맨 처음 나는 어떤 공부를 할지 공부법을 정했다. 내가 소속된 삿포로 의대 정신과에 유학 경험이 있는 의사가 대여섯 명 있었다. 그들 모두에게 "유학을 가기 전에 어떤 방법으로 영어를 공부했나요?"라고 물어보았다. 하루에 몇 시간 공부했는지, 영어 회화 학원에 다녔는지 독학인지, 추천하는 교재가 있는지 자세히 질문했다.

결론부터 말하자면 최근 유학을 다녀온 의사들은 전부 NHK 라디오의 강좌 '비즈니스 영어 회화'를 활용했다고 한다. 이 프로그램은 NHK의 라디오 강좌 중 가장 수준이 높아서 현재는 '라디오 비즈니스 영어'로 방송되고 있다.

또한 유학했던 의사 대다수가 영어 회화 학원에 다녔거나 혹은 원어민에게 개인 레슨을 받았다고 한다. 그래서 마침 당시 근무 중이던 병원에서 50미터 떨어진 곳에 영어 회화 학원이 있었으므로 편의성을 고려해서 그곳으로 다니기로 했다.

영어 듣기에 자신이 없었기 때문에 듣기 공부도 필수라는 생각이 들어, 인터넷으로 검색해 평이 좋은 아루쿠 출판사의 교재 《히어링 마라톤ヒアリングマラソン》을 하기로 했다.

주 2회 영어 회화 개인 레슨, 매일 30분 비즈니스 영어 회화, 그리고 이동 시간에는 무조건 히어링 마라톤의 음성 교재 듣기. 이렇게 하루 2~3시간의 영어 학습을 1년 동안 이어나갔다.

이후 미국으로 건너가 고생은 했지만, 그럭저럭 유학 생활을 잘 꾸려나갈 수 있었다. 아직 허술한 부분이 많았지만, 1년 전에는 영어로 말하기가 되지 않았으니 1년이라는 시간을 생각하면 꽤나 성장한 셈이다. 내가 상상했던 수준보다 더 나은 상태로 미국에 갈 수 있었다.

그런데 내가 단 1년 만에 어느 정도 영어 실력을 습득할 수 있었던 이유는 무엇이었을까? 바로 영어 공부를 시작하기 전에 실제로 유학한 적이 있는 사람들에게 효과적인 영어 공부법을 상세히 조사했기 때문이다.

공부하려고 마음먹으면 우선 공부법부터 조사해야 한다. 사람들은 일단 공부를 시작하고, 제대로 되지 않으면 다른 방법을 시도하면서 참고서나 문제집도 자꾸 새로 산다. 자리를 잡고 목표 지점을 향해 곧장 나아가는 공부법이 아니라 뿌리 없는 나무처럼 흔들흔들 방향성이 정해지지 않은 공부법을 실천하기 때문에 멀리 돌아가는 헛된 공부를 하게 된다.

공부는 전략이다

공부법이란 공부하기 위한 방법이 아니다. 공부를 시작하기 전의 전략이다. 그리고 그 전략이 잘못되었다면 아무리 방대한 시간을 들여도 성과는 나오지 않는다.

지금까지 당신의 성적이 나빴거나 기대한 성과를 얻지 못한 것은 타고난 머리가 나빠서 그런 것이 아니다. 공부나 학문에 재능이 없어서도 아니다. 꾸준히 노력하지 못하는 한심한 인간이라서 그런 것도 아니다. 그저 공부법을 몰랐을 뿐이다.

공부의 첫걸음은 공부법을 배우는 일이다. '공부법의 공부법'이야말로 공부의 시작이다. 공부를 시작하기 전에 이미 성과의 90퍼센트는 정해진다. 올바른 공부법을 아는 사람은 반드시 성과가 나온다. 잘못된 공부법에 얽매이는 사람은 늪에 빠져 허우적댄다. 이 책을 펼쳤다면 당신은 지금 새로운 세상에 한 발을 들였다. 지금 빠져 있는 늪에서 탈출할 방법을 손에 넣은 것이다.

공부는 즐거운 일이다. 하면 반드시 성과가 나온다. 자기 성장과 자아실현, 무한한 가능성이 가득 넘치는 새로운 세상과도 같다. 뇌과학으로 뒷받침된 효과 만점의 올바른 공부법이 인생을 바꿔줄 것이다.

드디어 다음 장부터 구체적인 공부법에 관해 알아보자.

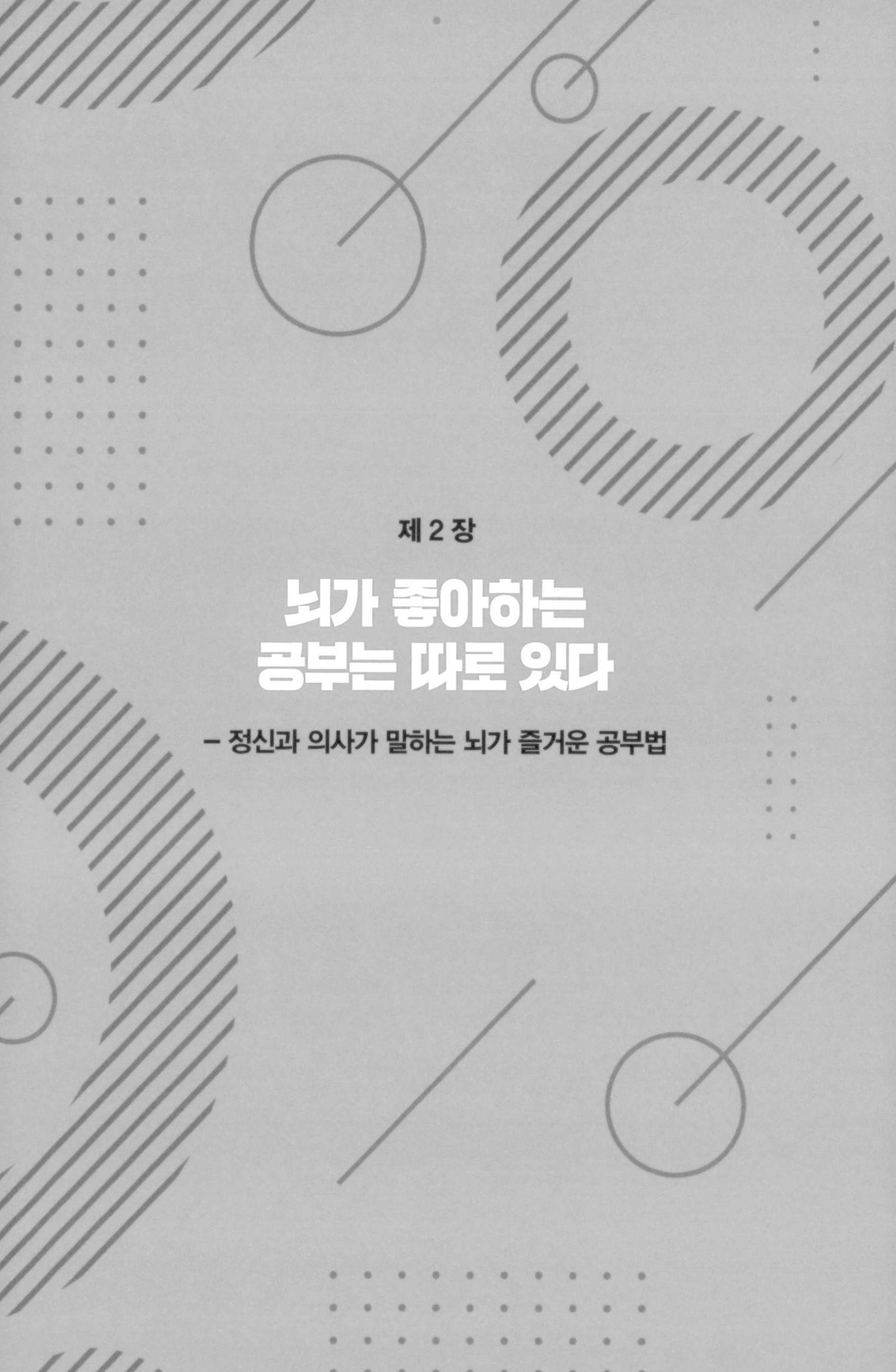

뇌가 좋아하는 공부는 따로 있다

뇌과학적으로
효율적인 공부법

성적의 좋고 나쁨을 결정하는 가장 큰 요인은 무엇일까? 머리의 좋고 나쁨에 따라 정해진다고 생각한다면 아니라고 말하고 싶다.

나는 머리가 좋다는 표현을 몹시 싫어한다. 머리가 좋다는 것은 좋은 성적이라는 결과를 다른 말로 표현했을 뿐이다. 머리가 월등히 좋은 아이가 반에서 성적이 최하위인 경우가 있을까? 아마 매우 드물 것이다.

지능 지수IQ라는 것도 있지만, 그것은 훈련하기에 따라 잘 나올 수도 있다는 것이 밝혀졌다. 결국 천성적으로 머리가 좋은 아이가 정말 있는지는 의문이다. IQ는 타고난 지능이 아니라 태어난 뒤의 지적 활동량이 강하게 반영된다.

자신의 머리가 나쁘다고 생각하는 사람은 그런 일에 신경 쓸 필요가 없다. 성적의 좋고 나쁨은 머리의 좋고 나쁨으로 결정되지 않는다. 그렇다면 무엇으로 결정될까? 바로 공부를 좋아하느냐, 싫어하느냐다.

성적이 좋은 아이는 공부를 좋아하고, 성적이 나쁜 아이는 공부를 싫어하는 경향이 있다. 공부를 정말 싫어하는데 반에서 1등을 하는 아이는 거의 없을 것이다.

물론 아이들은 공부보다 노는 것을 좋아하지만, 성적이 좋은 아이는 지식을 아는 기쁨, 이해하는 기쁨, 시험에서 고득점을 받는 기쁨을 알고 있다. 한마디로 공부를 즐긴다. 그래서 오랫동안 집중해서 책상 앞에 앉아 효율적으로 공부할 수 있다.

성적이 나쁜 아이는 예외 없이 공부를 싫어한다. 공부를 정말 좋아하는데 반에서 꼴찌인 아이는 없다.

성적이 나쁜 아이는 마지못해서 공부를 한다. 할 수 있다면 공부보다는 게임을 하고 싶어 한다. 한시라도 빨리 공부는 뒷전으로 미루고 당장 놀고 싶어 한다. 그런 아이는 15분 동안 책상에 앉아 있는 것도 힘들어한다. 당연히 성적이 좋을 리가 없다.

성적이 좋은 아이는 공부를 좋아한다. 성적이 나쁜 아이는 공부를 싫어한다. 이것은 경험상 누구나 동의할 것이다. 뇌과학적으로도 좋아하는지 싫어하는지에 따라 공부의 효율이 근본적으로 바뀌고, 성적의 좋고 나쁨에 영향을 미친다.

즐거움은 액셀, 괴로움은 브레이크

인간은 좋아하는 일을 하면 뇌에서 도파민이라는 물질이 분비된다. 도파민은 집중력을 높이고 기억력을 강화시킨다. 도파민은 즐거울 때 분비되는 행복 물질로 알려져 있는데, 집중력을 높이고, 기억력을 향상시키며, 학습 효율을 크게 올려 주는 학습 물질이기도 하다.

반면에 인간은 싫어하는 일, 괴로운 일을 하면 부신피질에서 스트레스 호르몬인 코르티솔이 분비된다. 코르티솔은 해마의 가장 큰 적이다. 해마는 기억된 정보가 정착하기 전까지 임시 보관되는 장소다. 기억 자체에 관여하는 중요한 부위지만, 코르티솔이 분비되면 해마의 작용이 저하된다. 게다가 중증 스트레스가 장기간 이어지면 해마에서 새로운 신경세포가 생성되지 않아서 해마의 세포 자체가 파괴된다. 즉 스트레스를 받으면 기억력이 안 좋아진다고 할 수 있다.

즐거움은 액셀, 괴로움은 브레이크에 비유할 수 있다. 즐겁게 공부하면 도파민이 분비되어 뇌는 집중력과 기억력을 높이고, 액셀을 밟은 것처럼 빠르게 학습한다. 억지로 공부하면 스트레스 호르몬이 분비되어 해마의 작용이 저하되고, 기억력이 떨어진다. 뇌에 브레이크를 거는 셈이다.

같은 시간에 같은 내용을 공부해도 즐겁게 하는 아이는 빠짐없이 기억하고, 괴로운 마음으로 공부하는 아이는 거의 기억하지 못한다. 어른도 마찬가지다.

당신은 공부를 좋아하는가? 만약 공부가 싫다면 아무리 책상에 앉아 있어도 밑 빠진 독에 물 붓기이며, 공부 효율은 오르지 않는다. 그러면 아무리 열심히 해도 헛수고일 뿐이다. 만약 공부를 매우 좋아한다면 잠깐 공부해도 스펀지가 물을 흡수하듯이 매우 효율적으로 공부 성과를 얻을 수 있다.

즐기기만 한다면 공부 효율은 올라간다. 뇌를 즐겁게 하면 훨씬 큰 성과를 얻을 수 있다. 이것이 바로 '뇌가 즐거운 공부법'이다.

억지로 해야 한다는 마음은 공부의 가장 큰 적

"공부해야 한다"라는 말은 흔하게 사용되지만, 이 말이 바로 공부가 즐겁지 않다는 증거다. "게임해야 한다"라고 말하는 사람은 드물지 않은가? "게임 하지 마!"라고 아이에게 훈계를 하면 아이는 숨어서라도 게임을 하고 싶어 한다. 좋아하고 즐거운 일은 금지당해도 어떻게든 하고 싶은 법이다.

억지로 해야 한다는 마음이 있는 상태에서는 스트레스 호르몬이 분비된다. 어떻게든 하고 싶은 마음이 있어야 도파민이 나온다.

사람들은 지하철에 타자마자 서부의 총잡이처럼 주머니에서 후다닥 스마트폰을 꺼내 게임이나 SNS를 시작한다. 그러나 나는 총잡이에 지지 않는 전광석화 같은 속도로 가방에서 책을 꺼내 읽는다. 책을 읽는 것이 즐겁기 때문이다. 이것은 습관화되어 있다고 할 수 있다. 스마트폰을 만지작거리는 일을 습관으로 해야 할까? 독서(=공부)를 습관으로 해야 할까?

공부가 즐거워지면 분초를 아껴 공부하게 된다. 더 큰 즐거움을 얻기 위해 도파민이 공부 의욕을 북돋기 때문이다. 나아가 도파민의 학습과 기억 증강 작용으로 학습 효율이 올라가고, 눈에 띄는 성과가 나타나므로 더욱 즐거워진다. 도파민의 긍정적인 연쇄 작용은 폭발적인 자기 성장을 만들어 낸다.

공부는 해야 하는 것이 아니다. '공부하자'라고 스스로 분발하려는 마음 자체가 무의식중에 억지로 한다는 느낌을 강조해서 뇌에 브레이크가 걸린다.

그러니 '공부하자!'라고 생각하지 말자. 공부가 즐거워서 저도 모르게 참을 수 없이 하고 싶은 상태가 되면 아주 효율적으로 모든 것이 제대로 돌아가게 된다.

공부가 좋아져서 즐겁게 공부하는 방법에 관해 이제부터 자세히 살펴보자.

공부가 좋아지는
5가지 방법

Super
Output
Study
Method

공부가 좋아지면 공부를 할 때마다 뇌에서 도파민이 나온다. 도파민은 집중력을 높이고 기억력을 향상시킨다. 그야말로 낭비 없는 공부를 하게 되는 것이다. 게다가 매일 공부에 몰두하게 되니 누적되면 엄청난 효과가 발휘된다.

이렇게 공부가 좋아지는 방법을 구체적으로 알고 싶은 사람이 많을 것이다. 그 방법은 어렵지 않다. 작게는 공부를 좋아하는 친구의 이야기를 듣거나 평소에는 흘려듣던 전문가의 이야기에 귀 기울이는 방법이 있다. 또 공부를 좋아하는 유명인의 책을 읽는 것도 좋다. 좀 더 적극적으로 직접 공부를 좋아하는 유명인을 만나러 가거나 배움 커뮤니티에 들어가는 것도 추천한다. 이 5가지 방법을 순서대로 소개하겠다.

방법 1 공부를 좋아하는 친구에게 물어본다

호기심에 불을 붙여라

당신이 공부를 좋아하지 못하는 이유는 공부의 재미를 깨닫지 못했기 때문이다. 따라서 이미 공부의 재미를 깨달은 사람에게 그것을 물어보자. 그 사람은 눈을 반짝이며 공부의 매력에 대해 이야기해줄 것이다.

내 고교 시절의 에피소드를 이야기해보겠다. 철도연구회에서 활동하는 철도 마니아 K가 싱글벙글 웃으며 두꺼운 열차 시각표를 읽는 모습을 보고 이렇게 물었다.

"그렇게 숫자만 잔뜩 쓰인 시각표가 뭐 그리 재밌어?"

K는 말했다.

"숫자만 잔뜩 쓰였다니? 알지도 못하면서. 이거 어떻게 만드는지 알아? 전부 손으로 만든 거야. 1분이라도 달라지면 열차가 충돌할 수 있다고. 그런데 전혀 사고 없이 규칙적으로 운행되고 있잖아? 정말 예술에 가까운 경지야. 다음 주 일요일에 ○○선 ○계열 열차를 타러 가려고 시간을 확인했는데, 그냥 타고 있으면 지루하니까 도중에 내려서 열차 밖에서 사진을 찍으려면 어느 역에서 내리는 게 좋을지 보고 있었어. 이 ○계열의 열차는 ○○년부터 운행을 시작해서 제법 오래됐지만, 그래서 더 운치가 있어. 곧 폐지한다는 이야기도 들려오니까 지금 타지 않으면 평생 못 탈지도 몰라. 생각만 해도 두근거리지 않아?"

나는 '와, 이런 세계도 있구나'라고 생각했다. 당시 영화 마니아였던 나는 철도 세계에는 흥미가 없었지만, '그런 심오한 세계도 있구나'라는 마음에 K의 신기한 세계관에 끌려들어 갔다. 내가 철도 마니아가 된 것은 아니지만, 새로운 세상을 발견했다는 생각에 호기심이 동했다.

호기심에 불이 붙으면 공부가 좋아진다. 그러니 어떤 교과나 분야에 흥미를 붙여 보자. 흥미가 생기는 것이야말로 그것이 좋아지는 첫걸음이다. 그렇게 하려면 작은 호기심에 불을 붙여야 한다. 처음에는 깜박거리는 불씨처럼 약한 불일 수도 있지만, 조금씩이라도 그 교과목이나 장르에 몰두해보면 재미가 조금씩 확장된다. 나중에는 호기심의 불이 활활 타올라서 스스로 조절할 수 없을 만큼 열정적으로 공부에 뛰어들게 된다.

방법2 주변 전문가의 이야기에 귀 기울인다

불편한 과목이었던 물리를 좋아하게 된 순간

나는 고교 시절 물리 과목이 마음에 들지 않았다. '물체가 떨어지는 속도가 실생활과 무슨 관계가 있어?'라고 삐딱한 시선으로 보았다. 하지만 의학부 입시에서 물리를 배제할 수는 없었다. 첫 수험에서 삿포로 의대에 떨어진 나는 재수 학원에 들어가서 첫 물리 강의 시간에 충격을 받았다.

물리 과목의 M 강사는 입을 열자마자 이렇게 말했다.

"물리의 공식은 예술과 같아. 물체의 낙하 속도 공식 'v=gt(속도=가속도×시간)'라는 간단한 공식에 우리 일상의 진리가 함축되어 있다니 참 신기해. 언뜻 복잡한 구조로 이루어진 듯한 세계도 자세히 보면 의외로 간단한 시스템으로 움직이고 있어. 물체는 몇 번을 던져도 항상 똑같은 가속도로 낙하해. 법칙은 절대 배신하지 않지. 물리는 세상의 진리이자 만물의 진리를 간단하게 밝히는 학문이라고 할 수 있단다."

나는 '세상의 진리라니, 생각해본 적 없어!'라고 놀랐다. 인간미라고는 조금도 없는 무기적인 숫자의 나열에 보편적이고 절대 배신하지 않는 세상의 진리가 숨겨져 있다니, 새로운 깨달음을 얻은 기분이었다.

그 순간 내 안에 있던 물리에 대한 불편한 마음이 스르륵 사라졌다. 오히려 물리가 재밌게 느껴져 호기심이 일었다.

호기심을 품고 바라보니 물리는 참 재밌는 과목이었다. 그저 공식대로 풀기만 하면 되었기 때문이다. 몇 가지 변형만 파악하면 나머지는 공식에 대입하면 된다. 영어 단어와 달리 물리 법칙은 몇백 개가 있는 것도 아니고, 사용하는 공식도 한정되어 있다. 패턴이 정해져 있을 뿐이지, 다른 교과목보다 훨씬 간단하다.

반년 정도 지나자 가장 불편했던 물리 과목이 특기 과목으로 바뀌었다. 스스로도 놀랄 정도의 변화였다. 그리고 입시에서 물리는 든든한 득점원이 되어 주었다.

공부를 싫어하는 마음을 극복하기 위해 유튜브를 활용해보는 것도 좋다. 일본에서는 '나카타 아쓰히코의 YouTube 대학'(구독자 수 500만 명 이상)이 큰 인기를 끌고 나서 많은 교육 유튜버가 등장했다. 학교 공부나 어른 대상의 교양을 매우 알기 쉽게 혹은 유머를 섞어 재밌게 해설하는 채널이 많다.

수학, 영어, 과학, 역사 등 온갖 교과목을 다루기도 하고, 초등학생, 중학생, 고등학생 혹은 성인이나 사회인을 대상으로 하는 교육 유튜버가 다양하게 활약하고 있다.

먼저 자신이 불편하다는 의식이 있는 교과목, 장르의 인기 유튜버를 조사해보면 좋을 것이다. 구독자가 많아서 인기를 끌고 있는 유튜버는 알기 쉽고, 재미가 남다르다. 정신없이 동영상을 보는 사이에 불편하다는 생각도 사라져간다. 그러면 공부의 재미도 깨달을 것이다.

불편하다는 의식은 음식이 목에 걸린 것과 같다. 그것은 사소한 계기로 쑥 내려가기도 한다. 공부도 마찬가지다. 낯설고 불

편하게 느껴지는 교과목이나 장르라면, 그 분야를 오래 다뤄온
전문가에게 그 매력을 들어보는 것이 좋은 해결책이다.

공부를 좋아하는 열기를 느끼자

주변에 열심히 공부하는 사람이 없거나 공부의 매력을 이야
기할 친구나 지인, 선생이나 강사 등 떠오르는 사람이 없다면
역시나 책이 도움이 된다. 서점에 가면 공부법에 관련된 책이
빼곡히 진열되어 있으니 한번 읽어보자. 특히 공부를 정말 좋아
한다는 에너지가 넘치는 사람의 책을 접하면 공부하는 즐거움,
배우는 즐거움에 순수하게 공감할 수 있다.

또한 자신이 배우고 싶은 분야의 전문가가 쓴 교양도서를 읽
는 것도 공부의 즐거움을 느낄 수 있는 방법이다. 예를 들어 읽
기, 쓰기, 독서의 소중함을 이야기하는 사이토 다카시, 지적 호
기심이나 탐구의 기쁨을 뜨겁게 이야기하는 뇌과학자 모기 겐
이치로, 뇌과학의 재미를 알기 쉽게 전달하는 이케가야 유지,
호기심이 왕성하고, 학문과 연구의 재미를 열정적으로 이야기
하는 요로 다케시, 장대한 역사를 어른의 교양으로 알기 쉽게

설명하는 데구치 하루아키, 어려운 물리나 수학을 놀라울 만큼 알기 쉽게 설명하는 유튜버 요비노리 다쿠미, 혹은 공부법의 고전이라고 해야 할 도야마 시게히코의 295만 부 이상 판매된 베스트셀러 《생각의 도약》, 다치바나 다카시의 《지식의 단련법》 같은 책은 읽어두어도 손해는 아닐 것이다.

20대 무렵 《지식의 단련법》을 처음 읽었을 때 나는 상당한 충격을 받았다. 전문 논픽션 라이터가 어떻게 정보를 모으고 어떤 순서로 글쓰기 작업을 진행하는지 이 책을 읽고 알 수 있었다. 덕분에 글쓰기에 더욱 깊은 흥미를 느낀 나는 전문가에게 지지 않을 정도로 인풋과 아웃풋을 해야겠다고 마음먹었다.

월등한 성과를 내면서 공부를 좋아하는 사람의 책을 접하면 강렬한 영향을 받는다. 그때는 공감할 수 있는 사람, 자신과 공통점이 있는 사람, 존경할 수 있는 사람, 본받고 싶은 사람 등을 기준으로 책을 고르면 내용을 쉽게 흡수할 수 있다.

또한 이렇게 공부를 좋아하는 지식인의 책을 읽을 때는 책 내용이나 노하우를 이해하는 것뿐만 아니라 그들이 공부와 배움, 연구에 품은 남다른 열정과 애정을 느껴보기 바란다. 지루하게만 느껴지는 공부를 그들은 왜 그렇게 즐겁게 할까? 그 부분에 공감할 수 있다면 그들이 공부를 좋아하는 마음이 틀림없이 읽는 쪽에도 전해질 것이다.

생생한 이야기를 들으면 배움이 훨씬 깊어진다

인간이 행동을 바꾸려면 반드시 감정이 움직여야 한다. 책을 읽고 감동하면 실행해보고 싶은 마음이 들지만, 평범한 책은 읽어도 실행해보려는 마음이 들지 않는다. 독서는 공부를 위한 기본 도구이지만, 굉장한 감동을 주는 책은 쉽사리 만날 수 없다.

감정을 크게 움직이려면 책으로 읽기보다 직접 그 사람을 만나서 실제로 이야기를 듣는 것이 가장 좋다. 실제로 이야기를 들으면 대부분 감정이 흔들리고 감동을 받아서 그 내용을 꼭 실행해보고 싶은 충동에 사로잡힌다.

예전에 뇌과학자 이케가야 유지 선생의 이야기를 들은 적이 있다. 일본 정신신경학회의 게스트 강연이었기 때문에 '공감과 트라우마 신경회로 메커니즘'이라는 본격적인 강연 타이틀이었다. 마침 이케가야 선생의 《기억력 학습법》을 읽은 터라 친근한 느낌으로 이야기를 들었다.

이케가야 선생의 책은 과학적 근거를 충분히 포함하면서 초심자도 알기 쉬운 문장으로 호기심을 자극한다는 특징이 있는데, 강연도 책과 똑같았다. 설득력 있고 알기 쉬운 내용으로 과학에 대한 지적 호기심을 자극하는 훌륭한 강연이었다.

나는 뇌과학 책을 상당히 읽었다고 생각했지만, 그래도 새삼 뇌과학 연구에 흥미가 일었다. 강연을 듣고 이케가야 선생의 팬이 됨과 동시에 뇌과학이라는 학문의 심오함과 재미를 재확인했다.

이케가야 선생은 연구가 참을 수 없이 좋다고 한다. 그런 즐거운 에너지가 이야기 속에 넘쳐흘렀기 때문에 연구하고, 발견하고, 배운다는 것이 얼마나 흥분되고 즐거운 일인지 통감할 수 있었다. 이렇게 공부를 좋아하는 사람의 이야기를 직접 들으면 공부가 좋아지는 데에 도움이 된다. '대체 공부가 왜 재밌지?'라는 의문이 한순간에 눈 녹듯이 풀리면서 공부를 좋아하는 에너지에 완전히 공명하게 된다.

만약 책을 읽고 '이 사람 책은 재밌어' '이 사람의 책은 깊이가 있네' '이 사람의 지식과 경험은 정말 대단해'라고 생각된다면 꼭 실제로 이야기를 들으러 가보기를 바란다.

방법 5 배움 커뮤니티에 들어간다

중요한 것은 전부 인생 선배에게 배웠다

내가 배우는 것, 깊이 탐구하는 것을 좋아하게 된 계기를 생각해보자면 대학 시절에 가입했던 삿포로의 '무비 팬'이라는 영화 모임이 떠오른다.

이 모임이 특별한 점은 다양한 연령대의 사람들이 속해 있다는 것이다. 매월 정기 모임에 수십 명의 인원이 참석했는데, 고등학생 2명, 대학생 2명, 20대, 30대 등 세대별로 두세 명씩 있었고, 심지어 70대 이상으로 걸어 다니는 영화 백과사전 같은 분도 있었다. 남녀 비율도 반반 정도로 멤버 구성이 매우 균형적이었다.

일본에는 많은 영화 모임과 커뮤니티가 있지만, 고등학생부터 70대까지 폭넓게 모여 세대를 넘어서 영화에 대해 열정적으로 대화하는 모임은 별로 없을 것이다.

걸어 다니는 영화 백과사전 같은 분에게는 무성 영화 시대의 이야기나 전쟁 전 영화관이 꽤 성행했다는 이야기를 들었다. 영화 마니아인 한 남성은 "정치 서스펜스 영화를 논하려면 코스타 가브라스 감독의 '제트' 정도는 봐야죠"라며 내가 모르는 과거의 명작을 소개해주었다. 이렇게 늘 깨달음과 배움의 연속이었다.

정기 모임에는 과제 작품이 정해져 있어 그것을 미리 보고 난 뒤에 모두가 감상을 이야기했다. 세대도 직업도 다양한 만큼 같은 영화를 봐도 전혀 다른 의견이 나오는 데에 늘 놀랐다. 매번 찬반양론이 나뉘어 흥미로운 토론이 펼쳐졌다. 그럴 때마다 새로운 관점과 참신한 생각을 알게 되어 저절로 감탄사가 나왔다.

‘같은 것을 봐도 인간은 전혀 다르게 받아들이고 다른 의견을 내는구나.’

이때 얻은 깨달음은 내 인생에서 매우 중요한 부분이 되었다. 그 사고방식은 정신과 의사에게 반드시 필요한 관점이며, 지금 작가로서 책을 쓰는 이 순간에도 ‘각양각색의 사람들에게 나의 생각을 어떻게 전달할 것인가?’라는 부분을 항상 의식하게 해 준다.

대학을 다니던 6년 동안 ‘무비 팬’에 참가하며 헤아릴 수 없는 깨달음과 배움을 얻었고, 믿을 수 없을 만큼 성장했기에 감사하는 마음으로 가득하다.

중요한 것은 전부 인생 선배에게 배웠다고 생각한다. 그러니 배우고 싶은 커뮤니티에 참가해서 그 분야의 대선배에게 직접 가르침을 받자. 엄격하게 가르침을 받으라는 말이 아니다. 함께 이야기를 나누기만 해도 엄청난 배움을 얻을 수 있고, 분명히 공부가 좋아질 것이라고 본다.

배움 커뮤니티에 참가하면 배우는 일이 좋아지고, 자기 성장에 가속도가 붙는다. 20대 초반에 그것을 깨달은 나는 나중에 ‘공부 커뮤니티’를 운영하고 싶었다. 연령, 성별, 직종을 뛰어넘어 의식이 높은 사람들과의 교류를 통해 서로 좋은 영향을 주고받으며 함께 성장할 동료가 모이는 자리를 만들고 싶었다. 그래서 2009년에 강사와 저자를 목표로 하는 공부 모임 ‘웹 심리 학원'을 개설했다.

혼자서 공부하면 즐겁지 않고 괴로울 뿐이다. 그러나 동료와 함께 공부하면 그만큼 즐거워지고 공부가 좋아질 수 있다. 그러니 꼭 공부 관련 커뮤니티에 참가해보자. SNS상에서도 커뮤니티 활동이 활발하니 인터넷으로 검색하면 자신에게 딱 맞는 곳을 찾을 수 있을 것이다.

뇌를 즐겁게 하는 4가지 공부법

앞서 소개한 공부가 좋아지는 방법을 실행하면 '공부가 정말 좋아!'까지는 아니어도 공부에서 느껴졌던 불편한 마음이 훨씬 줄어들어 '공부가 좀 재밌는 것 같아'라는 기분이 들 것이다.

다음으로는 실제로 공부하면서 공부가 즐겁다는 느낌을 실감해야 한다. 공부가 즐겁다는 느낌이 솟아오르면 점점 공부가 좋아지고, 공부하고자 하는 의욕도 높아진다.

도파민은 즐겁다고 느낀 순간에 분비되기 시작한다. 또한 도파민이 나온다는 것은 그 체험을 뇌가 기쁘게 받아들여 환영하고 있다는 의미다. 뇌가 기뻐하면 도파민의 작용에 따라 집중력, 학습 효율, 기억력이 향상하고, 그 체험과 사건을 적극적으로 뇌에 남기려고 한다.

이제 뇌를 기쁘게 하려면 어떻게 해야 하는지 구체적인 네 가지 방법을 소개하겠다.

공부하기 좋은 책은 따로 있다

다음 3개 항목 중에서 배울 것이 가장 많은 책은 무엇일까?

❶ 모르는 내용이 10퍼센트 쓰여 있는 책

❷ 모르는 내용이 30퍼센트 쓰여 있는 책

❸ 모르는 내용이 70퍼센트 쓰여 있는 책

모르는 내용이 70퍼센트 쓰여 있는 책에서 많은 배움을 얻을 수 있을 듯하지만, 반 이상이 모르는 지식으로 채워진 책은 난해해서 읽기가 힘들다. 한마디로 즐겁지 않다.

가장 많은 배움을 얻을 수 있는 책은 모르는 내용이 30퍼센트인 책이다. 이 정도일 때 편하게 읽을 수 있고, 새로운 배움도 확실히 얻을 수 있다.

또한 정보는 네트워크처럼 기억되기 때문에 아는 내용이 어느 정도 없으면 네트워크가 잘 형성되지 않는다. 그래서 알고 있는 내용이 70퍼센트, 모르는 내용이 30퍼센트라면 모르는 것과 아는 것이 적당히 네트워크를 형성해서 쉽게 연결되고 기억에도 잘 남는다.

롤플레잉 게임을 하다 보면 스테이지마다 중간 보스가 있는데, 중간 보스를 물리치지 않으면 다음 스테이지로 진행되지 않는다. 이런 중간 보스와 전투할 때 다음 중 어느 패턴의 게임을 가장 즐겁게 플레이할 수 있을까?

❶ 첫 대전에서 간단히 물리쳤다
❷ 첫 대전에서는 완전히 당했지만, 서서히 전투 요령을 파악해서 네 번 만에 겨우 쓰러뜨렸다.
❸ 열 번 맞붙어도 쓰러뜨리지 못했고, 전투 방식의 힌트조차 얻지 못했다.

당연히 ②의 게임이 가장 재밌을 것이다. ①은 지나치게 간단해서 재미가 없고 ③은 지나치게 어려워서 재미가 없다. ②는 조금 어렵지만 열심히 하면 어떻게든 클리어할 수 있다. 뇌는 이렇게 조금 어려운 상태를 좋아한다.

우리가 매사에 도전할 때 뇌에서 도파민이 분비된다. 도파민은 행복 물질이며 동기 부여의 효과가 있다. 그러나 과제가 지나치게 쉬워도, 지나치게 어려워도 도파민은 나오지 않는다. 도파민이 나오면 기분이 즐거워지므로 스스로도 알 수 있을 것이다.

만약 어떤 장르의 책을 한 권 읽을 때 간단, 조금 어려움, 난해, 매우 난해라는 난이도가 있다면 망설이지 말고 조금 어려움을 선택해야 한다. 그것이 뇌를 기쁘게 하는 공부법이다. 자신의 실력보다 조금 어려운 것을 고르자. 그리 하면 최대의 배움을 얻을 수 있다.

공부법 2 도파민을 부르는 차곡차곡 공부법

매일 꾸준히 하면 뇌가 즐거워진다

매일 30분 공부하는 것과 일주일 분량인 3시간 반을 일요일에 한꺼번에 공부하는 것, 둘 중 어느 쪽이 효율적일까? 매일 꾸준히 공부하는 방법을 분산 학습, 한꺼번에 공부하는 방법을 집중 학습이라고 한다. 많은 심리학 실험을 통해 집중 학습보다 분산 학습이 기억에 쉽게 남아서 학습 효과가 좋다는 것이 증명되었다.

분산 학습이 집중 학습보다 복습하는 횟수가 많아서 기억하기 쉽다는 것이다. 또한 매일 꾸준히 하면 도파민이 더 잘 분비된다. 도파민의 보상 시스템은 '보상→도파민 분비→보상→도파민 분비'라는 사이클로 돌아간다. 일주일에 한 번만 공부한다면 이 도파민 사이클이 돌지 않는다. 도파민 사이클을 빙글빙글 회전시키려면 매일 꾸준히 공부해서 조금씩이라도 성과를 내는 방법이 가장 효과적이다.

매일 공부하는 습관을 들이면 뇌 속 도파민의 작용으로 공부가 즐거워지고, 공부가 저절로 하고 싶은 상태가 된다. 습관화하는 것이 중요한 것은 뇌과학적으로 봤을 때 도파민의 응원을 받아서 자연스럽게 동기 부여가 되기 때문이다.

매일 15분이든, 30분이든 좋으니 꾸준히 공부하는 습관을 들이면 공부가 즐거워지고, 틈만 나면 공부하고 싶은 상태가 된다. 매일 차곡차곡 쌓아나가는 것이 뇌를 기쁘게 하는 것이다.

공부법 3 뇌가 좋아하는 기록 공부법

기록만 해도 얻을 수 있는 효과

나는 매일 체중을 측정해서 기록하고 있는데, 이 습관은 다이어트를 위해 빼놓을 수 없다. 아침에 일어나서 샤워하기 전에 반드시 체중을 재고 노트에 기입한다. 그러다 보면 "어제보다 체중이 0.3킬로그램 줄었네”라는 날이 있다. 체중이 어제보다 줄어들면 아침부터 기분이 좋고 “이 상태로 다이어트를 열심히 하자!”라는 의욕이 샘솟는다.

뇌는 보상을 좋아한다. 보상이라고 해도 값비싼 물건을 선물할 필요는 없고, 작은 성과로도 뇌에 충분한 보상이 된다. 그러기 위해 기록은 필수적이다.

가령 매일 영어 듣기를 하는 사람은 하루에 듣는 시간을 기록해보자. ‘하루 60분 듣기’를 목표로 했는데, 오늘은 80분 했다면 “해냈다! 오늘은 80분이나 들었어”라는 기쁨이 뇌에 보상이 되어 도파민이 나온다.

오늘은 문제집을 몇 페이지 풀었는지 기록해도 된다. 오늘 외운 영어 단어의 수를 기록해도 좋다. 공부 시간을 기록하는 것도 좋은 방법이다. 어쨌든 자신이 열심히 하고 있는 일을 수치화해서 기록하면 된다.

목표 수치를 달성하거나 어제보다 수치가 늘어났다면 기쁠 수밖에 없다. 게다가 영어 단어 200개, 500개, 1,000개라는 중간 목표를 설정하면 “한 달에 200개 외웠다” “석 달에 1,000개 외웠다”라고 지속적으로 보상을 얻을 수 있다.

이것이 뇌에 주는 보상이다. 이런 수치의 변화, 미세한 성과, 사소한 성과라도 뇌는 보상이라고 파악해서 도파민을 분비하므로 동기 부여가 유지된다. 꾸준한 지속과 보상은 한 쌍이다. 매일 보상을 주면 꾸준히 지속하기 위한 연료가 보충되는 셈이다.

공부법4 감사받는 일이 즐거워지는 골목대장 공부법

특기 분야를 만들면 업무의 공부도 즐거워진다

"취미처럼 내가 관심 있는 영역에 대해 공부하는 건 즐겁지만, 업무에 관련된 공부는 지루해요."

이런 이야기를 자주 듣는다. 업무에 관련된 공부는 어쩐지 의무감과 억지로 한다는 느낌이 따르기 때문이다. 하지만 공부를 통해 직장에서 기대를 한 몸에 받고, 좋은 평가를 받고, 감사 인사를 받는다면 어떨까? 틀림없이 업무를 위한 공부도 매우 즐거워질 것이다.

그렇게 되려면 회사에서 한 가지 재주가 뛰어나야 한다. 즉 "○○은 △△ 씨가 가장 잘하지"라는 말을 들어야 한다. 회사마다 인원수는 다르겠지만, 20~30명 정도의 부서에서 한 가지 분야의 으뜸이 되는 것이다. 나는 그것을 '골목대장 되기'라고 부른다.

예를 들어 컴퓨터 엑셀에 능통하다면 부서에서 엑셀을 가장 잘하는 사람이 되자. "엑셀은 △△ 씨가 제일 잘해"라는 말을 듣는 것이다. 일반적으로 엑셀이 특기여도 그것을 밝히면 업무가 늘어날 것 같아서 그 사실을 적극적으로 어필하지 않는다. 하지만 "이 표 계산하는 방법을 잘 모르겠는데" "함수 사용법 좀 알려줘"라고 부탁을 받는 편이 낫다. 자신의 특기를 감추지 말고 적극적으로 어필하자. 적극적으로 사용법을 가르쳐주고, 작업 대행도 싫은 기색 없이 맡자. 그렇게 하면 직장에서 사람들이 의지할 수 있는 존재가 된다.

상사도 "좀만 도와주지 않겠어?"라며 부른다. 그리고 "와, △△ 씨 덕분에 정말 살았어"라고 고마움의 말을 듣게 된다. 단순히 컴퓨터 좀 잘하는 사람으로 여겨졌던 본인이 "엑셀은 △△ 씨가 제일 잘해"라는 말을 듣게 되면서 회사 업무에 꼭 필요한 멤버로 자리 잡을 수도 있다.

본인만을 위해서라면 힘들지만, 다른 사람을 위한다는 것을 의식하면 어떤 일도 즐겁게 할 수 있다. 다른 사람에게 신뢰받고, 감사 인사를 받는 것은 사회적 동물인 인간에게 가장 큰 기쁨 중 하나다. 동료에게 신뢰받고, 감사받는 것이 바로 공부의 효과다.

공부해도 즐겁지 않은 것은 성과가 나오지 않고, 효과가 없기 때문이다. 그리고 다른 사람에게 좋은 평가를 받지 못하기 때문이기도 하다.

프레젠테이션, 클레임 대응, 노동 법무, 깔끔한 글씨 쓰기, 컴퓨터 수리, 회식 장소 찾기 등 뭐든지 회사에서 한 가지 재주에 뛰어난 존재가 되면 자신이 필요한 존재가 된다. 회사의 동료나 상사가 신뢰하고, 감사하는 존재가 되는 것이다.

직장에서 골목대장이 되어 보자. 그렇게 하면 틀림없이 업무에 관련된 공부가 즐거워질 것이다. 공부는 자신만을 위해서 하는 것이 아니다. 우리가 공부해서 지식을 가르치거나 전달하면 타인을 위하게 된다. 그러면 스스로 성장할 뿐만 아니라 다른 사람도 성장시키고 발전시킬 수 있다. 그러면 공부의 즐거움을 알게 된다. 그 첫걸음은 사소한 분야에서라도 골목대장이 되어 보는 데에서 시작할 수 있다.

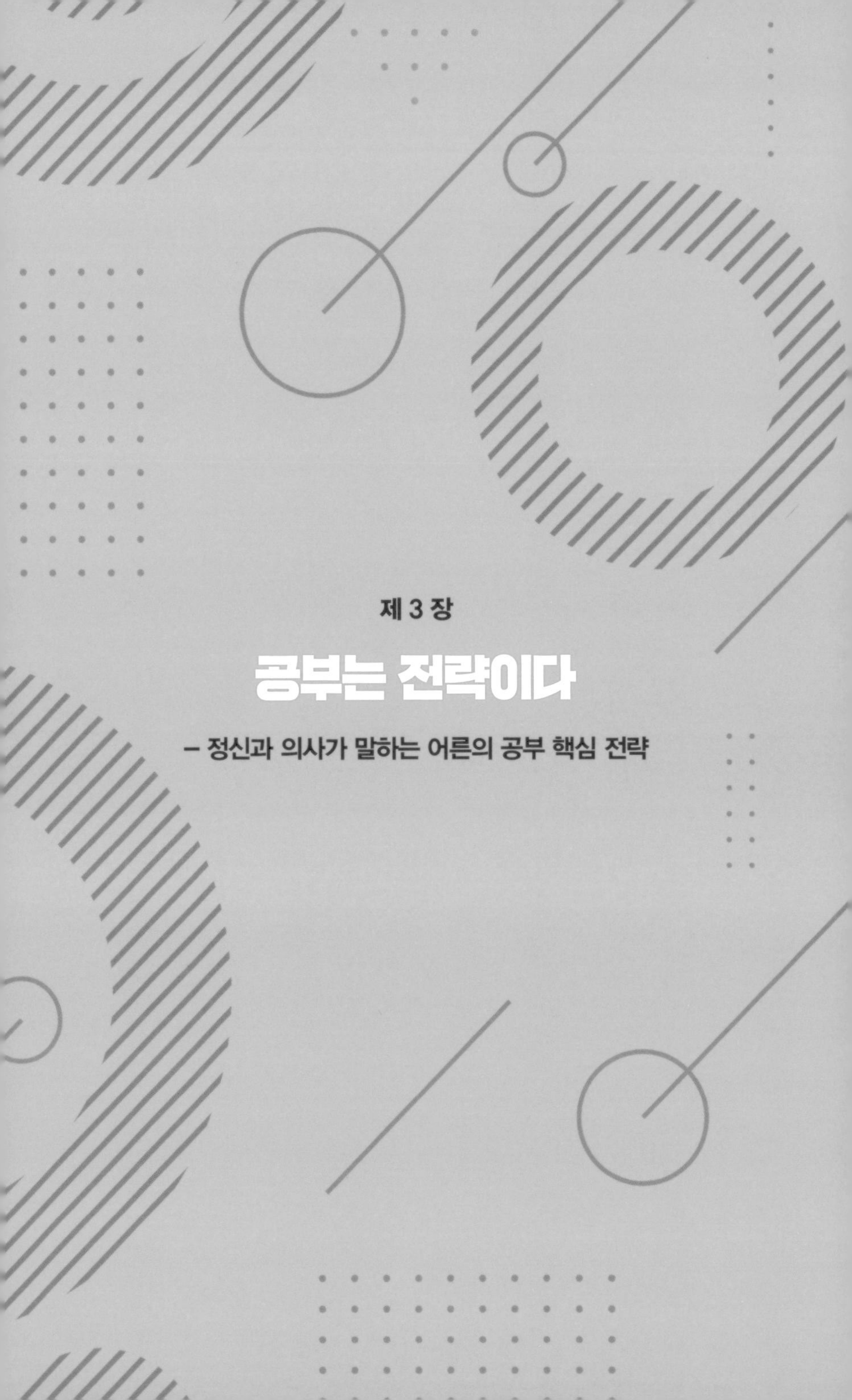

제 3 장

공부는 전략이다

– 정신과 의사가 말하는 어른의 공부 핵심 전략

어른의 공부를 위한
4가지 전략

Super
Output
Study
Method

어른의 공부와 아이의 공부는 무엇이 다를까?

어른의 공부와 아이의 공부에서 가장 다른 점은 정해진 교재나 교과서의 유무다. 어른의 공부는 교재가 없으므로 무엇을 공부하면 좋을지 알기 어렵다. 무엇을 공부해야 할지 모르니 우왕좌왕하느라 아까운 시간만 가고 에너지도 소진되어 주저앉기 일쑤다. 결국 어른의 공부는 처음에 무엇을 공부해야 할지 확실히 해두는 것부터 시작해야 한다는 말이다. 방향이 없는 노력은 성과로 이어지기 어렵기 때문이다.

어른의 공부를 시작하면서 시간과 노력을 낭비하지 않으려면 어떻게 공부해야 하는지, 지금부터 어른의 공부에 꼭 필요한 4가지 전략을 하나씩 살펴보자.

먼저 공부해야 할 것

사람의 성장에는 두 가지 방법이 있다. 장점을 키우는 일과 단점을 극복하는 일이다. 자신의 특기 분야와 능력을 향상시키는 것은 장점을 키우는 일이다. 자신이 부족한 분야와 서툰 부분을 극복하는 것은 단점을 극복하는 일이다. 공부법도 마찬가지로 큰 전략을 생각해봤을 때 역시 장점을 키우는 일과 단점을 극복하는 일밖에 없다.

지금까지 경험해본 적 없는 새로운 분야의 공부를 맨땅에서 시작할 수도 있다. 이는 자신이 전혀 모르는 분야를 처음부터 공부하는 것이라 단점을 극복하는 일이다.

어른의 공부가 어려운 이유는 앞으로 무엇을 배워야 할지 스스로 판단하기가 쉽지 않기 때문이다. 그래서 장점을 키울 것인지 아니면 단점을 보완할 것인지라는 두 축이 좋은 기준이 된다. 자신의 장점과 단점을 파악하기만 해도 내가 어떤 공부를 해야 할지가 선명해진다.

성공 체험을 쌓아라

그런데 장점을 키우는 일과 단점을 극복하는 일 중 어느 쪽을 우선해야 할까? 아이라면 장점을 키우는 일을 먼저 하는 편이 낫다. 아이는 성공 체험이 많지 않아서 자신감이 부족하므로 무슨 일을 해도 겁을 내고 두려워한다.

그런 아이에게 불편하다는 의식이 강한 일을 강제로 시키면 분명히 공부를 싫어하게 된다. 먼저 좋아하는 일, 특기인 일을 하게 해서 성공 체험을 쌓아 자신감을 북돋는다. 그 후에 단점을 극복하는 쪽으로 가야 한다. 자신감이 우뚝 솟으면 공부 의욕도 솟아오르게 된다.

업무는 단점 극복부터 시작하라

아이는 장점을 키우는 일부터 해야 하지만, 어른은 단점을 극복하는 일을 먼저 생각하는 편이 낫다. 만약 남들 앞에서 이야기하기는 어렵지만, 글을 잘 쓴다고 해보자. 단점은 말하기이며, 장점은 글쓰기라고 할 수 있다.

회사에서 일을 잘하려면 단점인 말하기를 극복해야 할까, 장점인 글쓰기를 키워야 할까? 말솜씨가 극도로 서툴다면 직장 내 커뮤니케이션에 지장이 생길 수도 있고, 고객과 클라이언트를 상대하는 업무를 하기가 어렵다. 말솜씨가 아주 유창할 필요는 없지만, 평균 수준까지 끌어올린다면 업무 능력을 높이는 데에 크게 도움이 될 것이다.

특기인 글쓰기를 갈고닦으면 당연히 강력한 무기가 된다. 그러나 일반 직장인은 글쓰기가 특기이고, 말하기가 미숙하다는 점을 보완하기는 그리 쉽지 않다. 그래서 단점을 극복하는 일을 우선해야 자기 성장과 업무상의 성과를 이끌어낼 가능성이 크다.

물론 장기적으로 고려하면 장점을 키우고 단점을 극복하는 일은 다 필요하며, 양쪽의 균형이 맞는 사람이 크게 성장할 것이다. 따라서 자신이 어떤 공부를 하려고 할 때 항상 그것이 장점을 키우는 일인지, 단점을 극복하는 일인지 의식해야 한다.

그렇지만 단점을 극복하는 일은 간단하지 않다. 주변에 말솜씨가 부족한 사람은 흔히 있다. 그런 사람에게 "지금까지 화술 학원에 다녀본 적이 있나요?"라고 물으면 대개 없다고 대답한다. "지금까지 대화법에 관련된 책을 읽어본 적은 있나요?"라고 물어도 역시 없다고 대답할 것이다.

말솜씨가 부족하다면 빠르게 단점을 극복해 불편한 의식을 없애면 되겠지만, 많은 사람이 자신의 콤플렉스에 맞서지 못한다. 자신의 단점, 약점, 콤플렉스에 맞서는 것은 정신적으로 고통스러운 일이다. 인간은 자신의 단점을 극복하는 일에서 무의식적으로 도망치고자 한다.

예를 들어 서점에 갔을 때 대화법 책과 글쓰기 책이 진열되어 있으면 어느 쪽을 골라서 구매할까? 사람들은 자신 없는 분야는 별로 하고 싶지 않으므로 잘하는 분야의 책을 고른다. 단점 극복은 어렵고, 장점을 키우는 일은 즐겁기 때문이다.

하지만 지금 심각한 문제는 말하기다. 그래도 불편한 의식 탓에 말솜씨 부족을 극복한다는 문제에서 도망치고 싶어진다. 그럴 때는 마음속으로 중얼거려 보자.

"도망치면 안 돼."

애니메이션 '신세기 에반게리온'의 주인공 이카리 신지는 에반게리온을 타고 출격할 때 도망치고 싶은 충동에 사로잡힌다. 그럴 때 공포와 불안을 극복하기 위해 몇 번이나 "도망치면 안 돼"라고 중얼거린다.

우리도 "도망치면 안 돼"라고 한번 말해보자. 그러면 자신의 단점과 마주해 그것을 극복하려 할 때 솟구쳐 오르는 두려움이 사라지고, 지금까지는 손이 가지 않았던 대화법 책을 펼칠 수 있을 것이다.

자신의 단점과 부족한 부분을 항상 의식하고, 그것을 어떻게든 해결하려는 문제의식을 지닌다면 남는 것은 즐거움이다. 발전 가능성이 큰 쪽은 장점보다 단점이기 때문에 성과가 훨씬 크게 나오기 시작한다. 그렇게 되면 성공한 셈이다. 단점 극복이 즐거움으로 바뀌면 폭발적으로 자기 성장을 하는 사이클에 돌입할 것이다.

장점 키우기를 가속화하는 멀티링구얼 전략

15개 국어를 할 수 있다는 멀티링구얼multilingual과 만난 적이 있다. 그 사람에게 "15개 국어를 공부하다니 힘들지 않나요?"라고 질문하자, "아니, 그렇지 않아요. 두 번째 외국어를 습득할 때는 처음에 걸린 시간의 반, 세 번째는 3분의 1시간, 4번째는 4분의 1시간 걸렸어요. 그 후에는 습득한 것들을 바탕으로 문법, 단어의 공통점과 차이점만 기억하면 되니까 많은 언어를 습득할수록 새로운 말을 배우는 것이 점점 편해졌습니다"라고 태연한 표정으로 대답했다.

내가 인터넷 미디어를 공략하는 일도 그야말로 이와 같은 패턴이었다. 맨 처음 이메일 뉴스레터를 개설했을 때는 매우 공을 들였다. 3년 동안 이메일 뉴스레터의 독자를 10만 명까지 늘렸다. 다음으로 트위터(현재는 X)를 했을 때는 6개월 정도에 팔로어 수를 15만 명으로 늘렸다. 그다음 페이스북을 시작했을 때는 몇 달 만에 팔로어 수를 15만 명 얻었다. 하나를 공략하면 두 번째는 2분의 1, 세 번째는 3분의 1 걸린다는 느낌은 내 경험에 비추어 봐도 딱 맞았다.

이는 심리학적으로도 증명되어 있다. 이전에 실행한 학습이 나중의 학습에 영향을 주는 것을 '학습의 전이'라고 한다. 과거의 경험이나 학습이 이후에 하는 학습과 유사성과 공통점이 많을수록 학습에 플러스로 작용한다. 즉 빠르고 편하게 습득할 수 있다는 말이다.

예를 들어 콘서트에서 밴드 연주를 보고 있으면 기타를 연주

하던 사람이 다음 곡에서는 베이스를 치고, 다음 곡에서는 우쿨 렐레를, 그다음 곡에서는 밴조를 연주하는 모습이 보일 때가 있다. 혼자서 네 개의 악기를 다루는 것이 대단해 보이지만, 현악 기를 하나 습득하면 두 번째 현악기는 금세 습득할 수 있으므로 혼자서 몇 가지 악기를 다루게 된다.

장점을 키우려면 처음에 자신이 잘하는 교과목, 분야, 영역을 하나 공략한다. 그렇게 하면 학습의 전이 효과로 다음 공부를 쉽게 할 수 있으며, 두 번째 교과목이나 분야를 연이어 공략할 수 있다. 멀티링구얼의 다언어 공략 노하우를 차용하면 폭발적 인 자기 성장에 가속도를 붙일 수 있다. 그러기 위해서는 장점 을 키우는 일이 출발점이 된다.

단점을 극복하려면 '무지의 지 공부법'

철학자 소크라테스는 '무지의 지'라는 말을 남겼다. 이는 자신 이 무엇을 모르는지를 아는 사람이 가장 현명하다는 뜻이다. 모 른다는 사실을 인정하는 순간, 배움은 비로소 정확한 출발점을 갖게 된다. 이는 엄청난 발견이지 않은가?

공부법에서도 '무지의 지'라는 발상은 큰 도움이 된다. 자신이 무엇을 아는지, 무엇을 모르는지 분명히 구분하는 일은 매우 중 요하다. 막연히 '다 안다'고 착각하는 상태에서는 성장이 일어나 기 어렵다. 자신이 모르는 것을 명확히 알면 그 부분을 집중적으로 공부하면 되기 때문이다.

어떤 교과서를 암기할 때도 기억하지 못하는 부분이 명확하다면 그 부분을 철저히 외우면 된다. 그것만 반복하면 분명 만점을 받을 수 있다. 자신의 무지한 부분이 점점 줄어들기 때문이다.

자신이 무엇을 알고, 무엇을 모르는지 명확히 하려면 어떻게 해야 할까? 바로 아웃풋을 하면 된다. 아웃풋을 하지 않는 한 자신이 아는 부분과 모르는 부분을 확실히 파악할 수 없다.

예를 들어 문제집을 푸는 것은 아웃풋에 속한다. 문제집을 풀다가 틀리면 자신이 모르는 부분이 드러난다. 또한 다른 사람을 가르치다가 제대로 설명하지 못하는 부분이 있다면 자신이 모르는 부분을 파악할 수 있다.

교과서를 다시 읽는 것은 아웃풋이 아니라 인풋에 해당한다. 교과서를 몇 번씩 다시 읽는 인풋 중심의 공부로는 자신이 이해하지 못하는 부분을 발견할 수 없으므로 무지한 상태가 유지된다.

자신의 무지가 보이지 않는 이유

자신의 무지한 부분을 찾아내어 철저히 강화하면 성장 속도를 높일 수 있다. 이것이 '무지의 지 공부법'이다. 여기서 말하는 '무지의 지'란 자신이 부족한 지점을 정확히 인식하는 상태를 뜻

한다. 그러나 말은 간단해도 실제로는 간단하지 않다. 소크라테스의 말처럼 '무지의 지' 경지에 도달한 사람은 매우 드물며, 평범한 사람이 스스로의 무지를 자각하는 일은 매우 어렵다.

현재 이는 심리학으로 증명되었다. 심리학자 데이비드 더닝과 저스틴 크루거는 논리적인 추론에 관한 실험에서 피험자들에게 본인의 성적을 가늠하게 했다. 그러자 평균 성적이 하위 12퍼센트인 학생들이 자신의 논리적 추론 능력을 68퍼센트로 상당히 높게 추정했다는 결과가 나왔다. 성적이 안 좋은 사람일수록 자신의 성적이 그리 나쁘지 않다고 과대평가하는 것이다. 즉, 능력이 부족한 사람일수록 자신의 부족함을 인식하지 못한다. 이를 '더닝 크루거 효과'라고 부른다.

정말로 무지한 사람일수록 자신을 현명하다고 믿으므로 무지를 깨닫지 못한다. 그만큼 '무지의 지' 경지에 도달하기는 어렵다. 그래서 필요한 것이 아웃풋이다. 시험을 보거나 문제집을 풀거나 다른 사람에게 설명하는 과정에서 비로소 자신의 취약한 지점이 명확하게 드러난다.

아웃풋을 활용해서 자신의 무지를 의식하고, 그 부분을 집중적으로 보완해보자. 이렇게 '무지의 지 공부법'을 활용하면 성장 속도를 한층 끌어올릴 수 있다.

형편없던 영어 회화 실력을 1년 만에 뒤바꾼 방법

어학 공부를 하는 사람은 굉장히 많다. 나도 미국 유학을 가기 전에 1년 동안 필사적으로 공부했다는 이야기는 이미 언급했는데, 여기에서는 영어 회화 학원의 이야기를 조금 자세히 해보겠다.

나는 유학하기 전까지 15년 동안 의학 연구를 했는데, 그동안 영어 논문을 읽고, 영어 논문을 썼기 때문에 영어로 읽고 쓰는 일은 그럭저럭 할 수 있었다. 그런데 영어 회화는 형편없었다. 이대로는 안 된다고 생각한 나는 '일단 영어 회화 학원에 다니면서 일대일 레슨을 받아보자'라고 생각했다.

일단 문의해보고 반년 동안 일주일에 두 번 개인 레슨을 받기로 했다. 맨 처음 상담 시간에 간단한 영어 질문으로 레벨 테스트를 받았다. 그리고 "무엇을 위해 영어를 배우시나요?" "어떤 목적으로 영어를 배우시나요?"라는 질문을 받았다.

"2004년 4월부터 미국으로 유학을 떠나 일을 병행해야 합니다. 그래서 유학 갔을 때 곤란을 겪지 않을 만큼 영어 실력을 습득하고 싶어요."

"더 구체적으로 말씀해주시겠어요?"

"미국에 가서 교수의 지도를 받으면서 연구 계획을 세우고, 그 지시대로 업무를 해야 합니다. 그런 연구 회의를 할 때 상사가 말하는 바를 이해하고, 제 생각도 말하고 싶어요. 구체적으로 뇌과학적인 문제에 관해 원어민과 논의할 수 있는 영어 실력을 갖추고 싶습니다."

이런 식으로 자세히 파고드는 동안 내 머릿속에서 어떤 영어를 어느 정도까지 말하고 싶은지 생각이 매우 선명해졌다.

유학을 떠나기 전까지 1년 남짓 남았으므로 과학적인 화제에 대해 토론할 수 있는 영어 회화 실력을 목표로 일대일 레슨의 특별 프로그램을 구성했다. 원어민 강사는 매번 과학과 관련된 읽을거리나 신문, 잡지의 과학 코너 기사를 복사해 왔다. 먼저 그것을 5분 정도 쭉 읽었다. 그리고 어떻게 생각하는지 감상을 이야기했다.

다음으로 "○○에 대해 당신은 찬성입니까, 반대입니까?"라고 그 기사에 대해 토론했다. 강사는 일부러 내 의견에 반대 의견을 들어 반론을 내세웠다. 그 의견에 나도 지론을 전개하거나 반론을 반복하는 토론 형식의 레슨을 도입했다.

처음 몇 차례는 수준이 형편없었지만, 서서히 토론에 맞는 표현을 익혀 나가자 토론의 체재가 갖추어졌다. 3, 4개월 지나자 내 생각을 바로 표현할 수 있었다. 그리고 6개월 차에는 스스로도 영어 회화가 술술 된다고 느꼈다.

마침내 미국에 가서 상사와 첫 실험 계획에 관해 회의를 했다. 결과는 어땠을까? 직속 상사인 준교수가 말하는 것을 거의 알아들었고, 아무 문제없이 회의를 마쳤다. 이후에도 실험을 하면서 문제점을 의논할 일이 있었는데, 연구와 관련된 토론을 하는 상황에서 곤란했던 적은 거의 없었다.

1년 동안 개인 레슨을 받았지만 실력의 향상을 별로 자각하지 못하는 사람도 있을 것이다. 나는 과학적인 화제에 관해 토론할 수 있는 영어 실력으로 목표의 범위를 매우 좁혀 연습했으므로 결과적으로 그 한 부분에 관해서는 납득이 가는 효과를 얻었다. 이처럼 목적과 목표를 상세하게 정해놓으면 단시간에 효과를 볼 수 있다.

왜 영어를 잘하고 싶은가?

내 주변에도 영어를 공부하는 사람이 있지만, 영어를 공부하는 목적이 무엇이냐고 물으면 "영어를 잘해야 나중에 편리할 것 같아서"라는 식으로 목표가 막연한 사람이 많았다. 그런데 적당히 잘하고 싶다는 목표를 세우면 정말 적당한 수준밖에 되지 못한다.

"하와이에 여행을 가는데 쇼핑할 때나 레스토랑에서 주문할 때 곤란을 겪고 싶지 않다."

"외국에서 오는 클라이언트를 영어로 당당히 응대하고 싶다."

“국제회의에서 영어로 강연하고 싶다.”

“미국 대학을 졸업한 뒤 미국 기업에 취직하고 싶다.”

전부 영어를 잘하고 싶은 사람들이지만, 각자 목적에 따라 공부법이 전혀 달라진다.

당신은 어떤 사람이 되고 싶은가? 그 모습을 생생하게 그려보면 목표에 도달하기 위해 무엇을 공부해야 할지 최적의 공부법이 보일 것이다.

적당히 영어로 말하고 싶다는 목표로는 아무것도 습득할 수 없다. 어학뿐 아니라 어떤 일이든 공부할 때는 타깃, 즉 목적과 목표를 상세히 정하고 원하는 모습을 명확히 그려야 한다. 그렇게 하기만 해도 공부 효율이 훨씬 높아지고, 성과도 빠르게 나타난다. 나는 이것을 ‘타깃 공부법’이라고 부른다.

성공의 최단 경로를 검색하라

앱을 통한 지하철의 경로 검색, 환승 안내 등은 많은 사람이 이용한다. 현재 위치와 목적지를 입력하기만 해도 최단 시간에 목적지에 도달하는 지하철 노선과 환승역 등 가는 방법을 순식간에 안내해주는 매우 편리한 서비스다. 낯선 장소에 가는 경우 많은 사람이 스마트폰이나 컴퓨터로 경로 검색을 해서 목적지에 가는 법을 확인한 뒤에 지하철을 탈 것이다.

공부도 비슷하다. 현재 위치는 자신의 현재 상황, 실력을 뜻

한다. 자신의 장점과 단점을 확실하게 파악하는 일도 포함된다. 지금 자신이 보유한 지식의 수준이 현재 위치가 된다.

목적지는 이루려고 하는 공부 목표다. 공부를 해서 어떻게 되고 싶은지, 습득한 지식을 어떻게 활용할 것인지 그 계획까지도 포함된다.

현재 위치와 목적지를 알면 어떻게 해야 그곳에 도달할 수 있는지 경로가 눈에 들어온다. 경로가 공부법이 되는 것이다.

하지만 목적지(목표)를 명확히 정해놓지 않고 공부를 시작하는 사람이 많다. 그러면 시간이 한없이 흘러도 목적지에 도달하지 못한다. 목표를 알지 못하면 공부법을 정할 수 없다. 목표를 알아야 공부법도 정해진다. 그러니 공부를 시작하기 전에 목표를 확실히 설정해서 공부법을 확인하자.

그냥 하지 말라

목적지를 정하지 않고 지하철을 타는 사람은 거의 없을 것이다. 지하철에 타고 있기만 해도 즐겁다는 마니아를 제외하고, 대개 목적지를 정한 다음 지하철을 탄다. 그런데 이상하게도 공부의 세계에서는 목적지를 정하지 않고 일단 지하철을 타고 보는 사람이 많다.

'경로 검색 공부법'의 정반대라고 할 수 있는 것이 '일단 하고 보는 공부법'이다. 공부를 통해서 어떻게 되고 싶은지, 공부를 통해 얻는 지식을 어떤 식으로 활용하고 싶은지 목적지를 전혀 정하지 않고 일단 시작하는 공부법이라고 할 수 있다.

일단 영어를 공부해 두면 만일의 경우 도움이 될 수도 있다. 일단 재무 설계사 자격증을 따 놓으면 언젠가 도움이 될 수도 있다. 일단 대학원을 나오면 나중에 유용할지도 모른다. 이런 식이다.

일단 공부해 두면 나중에 도움이 될지도 모른다는 생각으로 그냥 공부하는 사람이 상당히 많은데, 이런 방법은 그야말로 시간과 노력을 심하게 낭비하는 공부법이다.

영어로 말하고, 자격증을 따고, 대학원을 수료해서 학위를 취득하는 일은 목적이 아니라 수단이며, 인생을 한층 좋고 풍요롭게 해주는 도구다. 다만 어디까지나 능숙하게 잘 활용한다는 전제 하의 이야기다.

일단 하고 본다는 공부는 "목공이 취미는 아니지만, 언젠가 할지도 모르니까 미리 전기톱을 사놔야지"라고 할 정도의 어리석은 방식이다. 아무리 영어 회화가 유창하다고 해도 그 실력을 전혀 발휘하지 않는다면 공부한 의미가 없어지고 투자한 시간이 전부 헛수고가 된다.

목적이 없는 공부는 의미가 없다. 영어가 유창해도, 자격증이 있어도, 학위를 가지고 있어도 그것을 사용하지 않는 한 인생에 긍정적으로 작용하지 않는다. 그것은 단순히 자기만족이 되는 헛수고 공부법이다.

　일단 공부를 시작하기 전에 타깃을 명확히 그려보자. 목적이 확실하지 않은 '일단 하고 보는 공부법'은 시간 낭비, 돈 낭비가 될 뿐이다.

궁극의 비법은 이 안에

　내가 좋아하는 영화 중에 '쿵푸팬더Kung Fu Panda'라는 영화가 있다. 이 영화를 어린이용 만화 영화라고 생각하면 큰 오산이다. 이 영화 속에는 배움과 자기 성장의 힌트가 될 만한 내용이 가득 들어 있다. 오히려 어린이가 아니라 직장인에게 추천하고 싶은 영화다.(※이하 영화 내용의 스포일러가 포함되어 있음)

　'쿵푸팬더'의 주인공인 '포'는 쿵푸를 매우 좋아하는 쿵푸 마니아지만, 운동신경은 없는 먹보 판다다. 그런 포가 우연히 최강의 전사라고 여겨지는 용의 전사 후보로 엉뚱하게 뽑혀서 쿵푸 수행을 시작하게 된다.

　처음에는 절대 불가능해 보였던 포는 쿵푸가 좋다는 마음과 먹보라는 장점을 살려서 쿵푸 연습에 매진해 전사로 성장해 간다. 그리고 노력 끝에 스승의 비법이 전부 담겼다고 하는 용의 두루마기를 받는다. 궁극의 쿵푸 비법이 쓰여 있다고 하는 용의 두루마기를 떨리는 마음으로 펼쳐본 포. 과연 무엇이 담겨 있었을까? 사실 그 속에는 아무것도 쓰여 있지 않았다.

포는 아무것도 없는 비법서에 실망했지만, 어느 날 깨닫는다. 용의 두루마기에는 광택이 있어서 거울처럼 자신의 얼굴이 비친다는 사실을. 궁극의 비법은 바로 자기 자신이었던 것이다.

자신을 강하게 하는 궁극의 방법이나 노하우 같은 것은 존재하지 않는다. 만약 있다고 하면 그것은 자기 자신 안에 있다. 궁극의 비법은 다른 사람에게 배우는 것이 아니라 스스로 깨닫는 것이었다. 포는 그 사실을 깨달은 순간 폭발적으로 성장해 압도적으로 강한 능력을 발휘하게 된다.

궁극의 비법이란 자기 자신이 얻은 깨달음이다. 물론 이것은 쿵푸에만 국한된 이야기가 아니다. 우리가 평상시 하는 공부도 마찬가지다. 수험생이 하는 공부는 지식을 늘리는 일이 목적일 수 있으나 어른의 공부는 깨달음을 얻는 일이 목적이다. 제1장에서 썼듯이 어른의 공부는 자기 성장과 자아실현이 목적이다. 그리고 깨달음이 없으면 자기 성장을 할 수 없다.

깨달음은 자기 성장을 위한 필수 조건이다. 깨달음을 얻어 행동으로 옮기는 일은 자기 성장을 위해 아주 중요하다.

400년 동안 이어진 궁극의 공부법

수많은 공부법 중에서도 400년을 이어 내려온 궁극의 공부법이 있다. 궁극이라는 표현은 지나친 과장이 아닌가 싶은 사람도 많겠지만, 400년 이상 이어진 공부법은 전 세계를 둘러봐도 별로 없을 것이다.

그 궁극의 공부법은 바로 '수파리守破離'다. 수파리는 다인 센노 리큐千利休의 시 "규구 작법을 지키되守 깨뜨리더라도破 떠나더라도離 근본은 잊지 말라"에서 비롯되었다고 전해진다. 다도, 무도, 전통 예능 등의 세계에서 사제지간과 배움의 자세를 나타내는 말로, 매사를 극한까지 갈고닦는 데에 중요한 방법론으로 알려져 있다.

나는 다양한 공부법을 연구해 왔지만, 학문도 비즈니스도 스포츠도 놀이도 수파리만큼 낭비 없이 효율적으로 지식을 얻는 방법은 없다는 결론에 도달했다.

센노 리큐가 살던 전국시대로부터 약 400년이 흘렀으므로 수파리는 400년이라는 세월의 시련을 견뎌온 공부법이라고 할 수 있다.

수파리를 간단히 설명하자면 다음과 같다.

‘수’는 스승의 방식을 배우고 그 방식을 지키며 정진하는 일.

‘파’는 스승의 방식을 깊이 갈고닦은 뒤에 다른 방식을 연구하는 일.

‘리’는 자신의 연구를 집대성하고, 독자적인 경지를 열어 하나의 방식을 창시하는 일.

즉 기본을 그대로 따라 철저하게 모방하는 ‘수’ 단계(초급), 타인과 다른 방식을 연구하고 더욱 성장해 가는 ‘파’ 단계(중급). 그리고 자기만의 스타일을 탐구하고, 돌파해 나가는 ‘리’ 단계(상급)로 바꿔 말할 수 있다.

먼저 기본을 철저히 모방해서 확실히 습득한다. 다음으로 기본을 바탕으로 다른 방법과 여러 가지 패턴을 시도해본다. 마지막으로 자기만의 독자적인 방식을 확립한다. 이것이 바로 수파리 공부법이다.

리리리 방식을 고수하는 사람들

수파리에 관해서는 이미 알고 있는 사람도 많겠지만, 알고 있어도 실천하지 않으면 의미가 없다. 내 경험상 수파리를 실천할 수 있거나 실천하려고 하는 사람의 비율은 고작 10퍼센트 정도다.

사람들은 대개 수파리의 단계를 밟지 않고 배우려고 한다. 그래서 비효율적이고 성장이 매우 느리다. 어떤 식으로 배우려고 하느냐면 수파리가 아닌 '리리리'다. 한마디로 말해 자기만의 방식으로만 공부한다는 이야기다.

일단 어떤 일을 시작할 때 누군가에게 배우지도 않고, 입문서를 읽지도 않은 채 일단 자기만의 방식으로 시작한다. 그리고 자기만의 방식으로 시행착오를 겪으며 자기만의 스타일을 확립하고자 한다.

그러나 기본이 전혀 없으므로 통달하지 못하고, 하고 있어도 재미를 느끼지 못한다. 그러면 오래 지속하지 못하고 어중간한 지점에서 관두게 된다. 그렇게 리리리 방식을 고집하는 사람이 많다. 갑자기 리 단계부터 들어가면 오히려 시행착오를 겪다가 빠르게 배움의 과정에서 이탈하는 안 좋은 결과를 맞이하게 되는 것이다.

당신은 혹시 리리리 방식을 고수하고 있지 않은가? 기본도 공부하지 않은 채 자기만의 방식을 지향하는 리리리 방식에서 벗어나지 않는 한 어떤 공부를 해도 통달할 수 없고, 성과도 낼 수 없다. 시간과 노력만 낭비한 채로 끝날 뿐이다.

초보자일수록 고급 노하우를 궁금해한다

어째서 사람들은 수파리가 아니라 리리리 단계를 밟으려고 할까? 내 경험을 통해 설명해보겠다.

나는 2011년 무렵 페이스북의 사용법과 활용법을 소개하는 세미나를 개최한 적이 있다. 그 당시 영화 '소셜 네트워크The Social Network'가 공개되어 페이스북이 공전의 인기를 끌었을 때였다. 새롭게 페이스북을 시작한 사람들이 갑자기 몇백만 명이나 생길 정도였다.

그래서 페이스북 초보자를 대상으로 세미나를 개최하면 당연히 참가자가 몰려들 것이라고 생각해서 "페이스북의 기본 테크닉을 알기 쉽게 배울 수 있습니다!"라는 광고 문구로 페이스북 초급 세미나의 참가자를 모집하기 시작했다.

그런데 24시간 동안 신청한 사람이 3명밖에 없었다. 위기감을 느낀 나는 신청 페이지를 전면 수정해서 "최신, 최첨단의 페이스북 상급자용 노하우를 배울 수 있습니다!"라고 세미나의 방향을 전환했다. 그러자 놀랍게도 24시간 동안 약 30명의 신청자가 들어왔고, 정원이 100명이었던 세미나는 3일 만에 만석이 되었다.

이 이야기에는 더 놀라운 결말이 기다리고 있다. 세미나 당일, 참가자의 수준을 확인하기 위해 "페이스북을 얼마나 하고 있습니까?"라는 질문을 했더니 석 달 이상 페이스북을 한 중급자에 속하는 사람은 고작 10명이었다. 나머지 90명은 페이스북을 막 시작한 초보자였다.

나는 지금까지 700번 이상의 강연과 세미나를 직접 개최해왔다. 이때 "최신, 최첨단 노하우를 배울 수 있습니다" "고급 노하우를 배울 수 있습니다"라고 강조할수록 초보자가 몰려드는 모습을 여러 번 확인했다. 초보자일수록 단계를 뛰어넘어 고급 노하우를 알고 싶어 한다. 기본을 배우지 않고, 자기만의 방식을 추구하고 싶어 한다. 수파리보다 리리리 단계를 밟게 되는 것이다.

사람들이 성장하지 못하는 이유

인터넷 서점의 리뷰를 읽다 보면 "내가 원하는 내용은 없다" "다 알고 있는 내용뿐이다"라는 식의 비판을 자주 보게 된다. 내 책에도 그런 리뷰가 달려 있었는데, 저자의 입장에서는 '왜 자신이 원하는 내용이 담겨 있지 않은 책을 샀을까?'라는 의문이 든다.

아마 대부분은 서점에 가서 책을 손에 들고, 목차를 읽은 다음에 전체적으로 훑어본 뒤 읽고 싶은 마음이 들어서 일부러 돈을 내고 책을 샀을 것이다. 인터넷 서점에서 주문했다고 해도 책 소개란에 목차가 상세히 쓰여 있고, 만약 쓰여 있지 않아도 미리보기 기능으로 목차를 포함한 책의 앞부분을 확인할 수 있다.

자신이 원하는 내용이 들어 있지 않다는 것은 책을 살 때 책을 고르는 작업을 하지 않았다는 뜻이다. 읽고 싶은 내용이 담겨 있지 않은 책을 산 것은 저자의 책임이 아니라 책을 산 사람의 책임이다.

책을 샀을 때 자신이 원하는 내용이 담겨 있지 않거나 공부가
될 만한 내용이 쓰여 있지 않은 것은 수파리 단계에 부적합하기
때문이다. 실제로 책을 읽었을 때 자신이 이미 알고 있는 내용
이나 다른 책에서 읽었던 내용만 들어 있을 수는 있다. 특히 독
자가 관련 분야에 대한 지식이 풍부하다면 그런 일은 자주 일어
날 수 있다.

자신의 지식이 상급 수준에 도달했는데 초급자용 책을 산다
면 당연히 원하는 내용은 없고, 알고 있는 내용만 담겨 있다는
감상이 나올 수밖에 없다. 상급자는 초급자용 책이 아니라 상급
자에게 맞는 책을 읽어야 한다.

초급자는 초급자에게 맞는 내용을, 중급자는 중급자에게 맞
는 내용을, 상급자는 상급자에게 맞는 내용을 배우자. 이것이
바로 수파리 단계에 적합한 상태다. 자신이 원하는 내용이 담긴
책은 수파리 단계에 적합하고, 자신이 원하는 내용이 담겨 있지
않은 책은 수파리 단계에 부적합하다고 할 수 있다.

수파리 단계에 맞는지 단번에 확인하는 방법

자신이 자주 구매하는 책에 만족할 때가 많은가, 불만족일 때
가 많은가? 이 질문에 답해보면 적합한 수파리 단계인지 단숨
에 확인할 수 있다.

자신이 구매하는 책이 늘 불만족스럽다면 원하는 내용이 책

에 담겨 있지 않은 것이므로, 수파리 단계에 부적합한 상태라고 볼 수 있다. 반면에 구매하는 책이 늘 만족스럽다면 필요한 정보와 지식을 효율적으로 얻을 수 있으므로 수파리 단계에 적합한 상태라고 볼 수 있다.

부정적인 리뷰만 올리는 사람도 있는데, 그런 사람은 어떻게 봐도 수파리 단계에 부적합한 상태라서 자신에게 정말 필요한 책을 골라 읽지 못한다.

먼저 자신이 무엇을 배우고 싶은지 타깃과 목표를 명확히 정해야 한다. 그리고 자신의 목적에 가장 잘 맞는 책을 선택하자. 책을 고르는 방법이 적절하다면 실패할 확률을 크게 줄일 수 있다.

지금 자신의 성장에 가장 필요한 것을 얻어야 자기 성장을 최대화할 수 있다. 이것이 수파리 단계를 올바르게 추구하는 사고방식이다. 정보든 지식이든 지금 자신에게 필요한 것을 모아 흡수해야 한다. 그렇지 않으면 성장을 위한 에너지와 양분을 얻지 못한다.

초급자가 상급자에게 맞는 내용을 배우려고 하면 어려워서 따라가지 못한다. 상급자가 초보자에게 맞는 내용을 접하면 전부 알고 있는 내용이라서 새로운 배움을 얻을 수 없다. 결국 수파리 단계가 부적합한 상태에 있다면 자기 성장으로 이어질 수 없으며, 돈과 시간을 낭비하게 된다.

먼저 자신을 알기

병법서 《손자孫子》에는 '지피지기 백전불태知彼知己 百戰不殆'라는 말이 나온다. "적을 알고, 나를 알면 백 번 싸워도 위태롭지 않다"라고 해석하며, 적의 실력과 전력을 자세히 분석하는 일과 자신의 실력과 전력을 분석하는 일이 매우 중요하다는 의미다.

자신을 모르는 상태로 공부를 시작하면 수파리 단계에 적합한 상태가 되지 못해서 성장하기 어려운 공부를 하게 된다. 수파리 단계에 적합한 공부를 하려면 지금 자신이 수파리의 어느 단계에 속하는지 파악할 필요가 있다.

그런데 이를 객관적으로 파악하기란 매우 어렵다. 능력이 부족한 사람일수록 자신의 능력을 높게 보는 '더닝 크루거 효과' 탓에 '수' 단계에 있는 사람일수록 '리' 단계의 공부를 하고 싶어 하기 때문이다.

그러나 자신이 배우고 싶은 것과 자신에게 필요한 것을 구분해서 생각하면 지금 자신의 수파리 단계가 보인다. 자신이 배우고 싶은 것을 배우는 것이 아니라 자신에게 필요한 지식과 방법을 배워야 한다.

그러기 위해 다음 질문을 던져보자. '수' 단계에서는 일단 기본이 필요하다. 먼저 자신이 "그 분야의 기본을 배우고 파악하고 있는가?"라고 자문해보자.

'파' 단계에서는 기본을 넘어 다양한 패턴이 필요하다. 자신이

"다양한 패턴을 익히고 응용 기술을 갈고닦는 단계에 있는가?"
라고 자문해보자.

'리' 단계에서는 자기만의 방식이 필요하다. 스스로에게 "기본도 응용도 이미 익혔는가? 그런 다음에 자기만의 방식을 추구하는 단계인가?"라고 질문해보자.

각각의 질문을 자문해보면 자신이 수파리의 어느 단계에 있는지 보일 것이다. 수파리의 단계별 상세한 공부법은 이어질 제4장과 제5장, 제6장에서 소개하겠다.

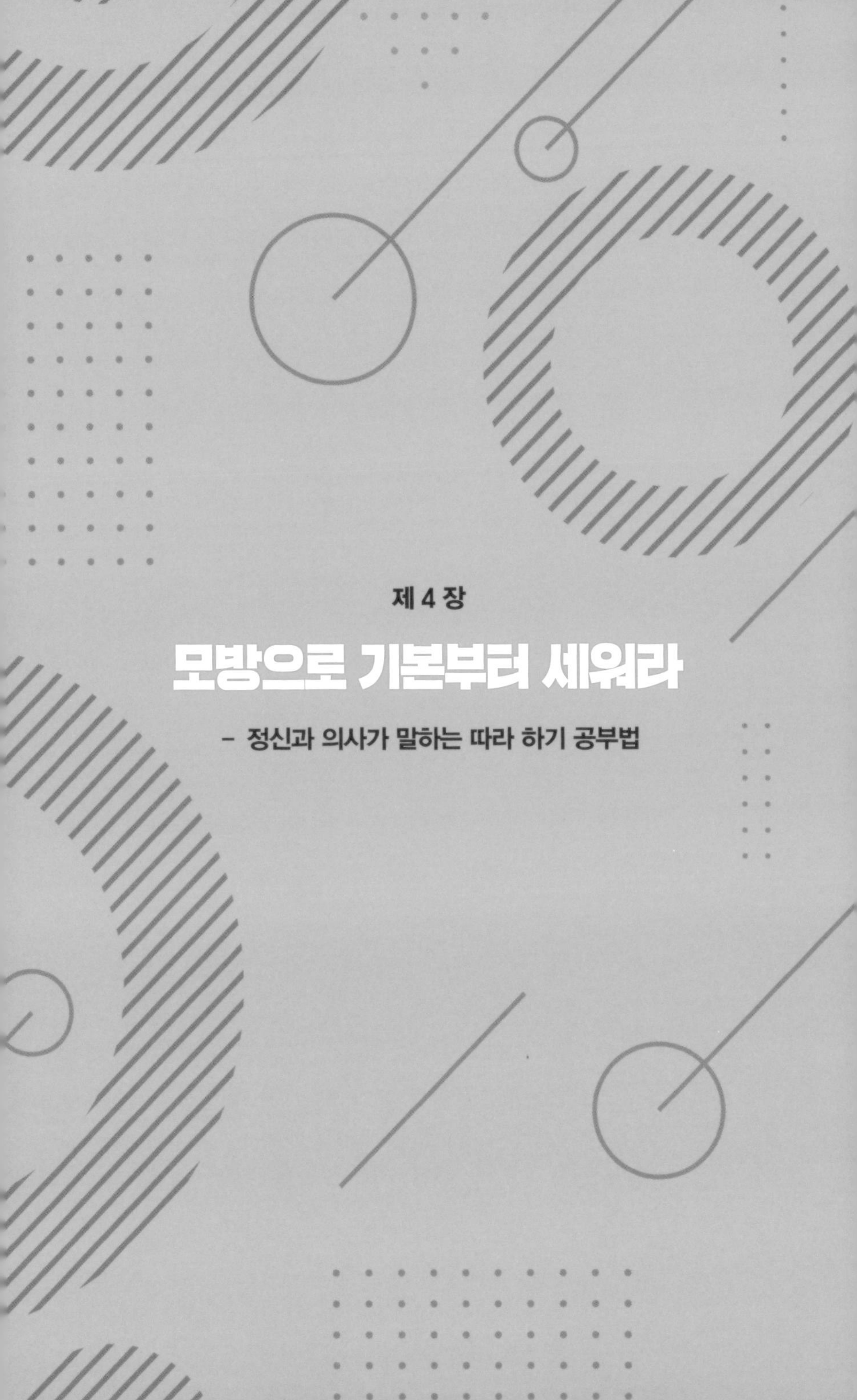

제 4 장

모방으로 기본부터 세워라

– 정신과 의사가 말하는 따라 하기 공부법

쉽게 모방으로 시작하는
따라 하기 공부법

공부하려고 마음먹었다면 가장 먼저 무엇을 해야 할까? 일단 기본을 배워야 한다. 수파리 단계에서도 배움의 첫걸음은 '수'다. 기본을 지키고, 기본을 철저히 반복하면서 배운다. 스승의 움직임, 사고방식, 마음가짐을 철저히 모방하는 단계다.

일본어에서 '배우다学ぶ'의 어원은 '모방하다真似ぶ'라고 한다. 이처럼 기본을 철저히 모방하는 일은 공부의 첫걸음, 최초의 단계가 된다.

그러면 어째서 기본을 배우는 일이 중요할까? 기본을 철저히 배운 사람은 성장 속도가 월등히 빨라서 시간을 절약할 수 있기 때문이다.

예를 들어 골프를 시작하는 경우를 생각해보자. 누구에게도 배우지 않고, 자기만의 방식으로 100시간을 연습한 사람이 있다. 그리고 전문가에게 1시간의 기본 레슨을 세 번 받은 뒤에 97시간 동안 스스로 연습한 사람이 있다. 같은 100시간을 연습했지만, 어느 쪽의 실력이 빨리 향상될까?

대답은 말할 필요도 없을 것이다. 처음 몇 차례만이라도 전문가에게 레슨을 받으면 기본을 배울 수 있다. 기본을 이해한 다음 여러 번 연습장에 다니면서 훈련하는 것과 맨 처음부터 완전히 자기만의 방식으로 연습하는 것은 실력 향상 속도에서 몇 배나 차이가 난다.

그런데 이상하게도 초보자들은 처음부터 전문가에게 배우지 않고, 어느 정도 자기만의 방식으로 하다가 '내 방식대로 했더니 제대로 안 되네'라며 벽에 부딪힌 다음에 전문가를 찾는 경우가 대다수다. 의사 중에서는 골프를 치는 사람이 많은데, "처음부터 전문가한테 배울걸"이라는 이야기를 자주 듣는다.

물론 자기만의 방식으로 100시간 연습해서 스스로 기본을 파악한 사람도 정말 대단한 사람이다. 하지만 기본을 배우지 않고, 갑자기 자기만의 방식을 추구하는 리리리 단계의 사람들은 대개 골프가 지루하다며 포기한다.

왜냐하면 기본을 배우지 않으면 도중에 반드시 벽에 부딪히기 때문이다. 대다수는 그 벽을 뛰어넘지 못하고 포기한다. 공부도 스포츠도 마찬가지다.

단지 몇 시간이라도 기본을 확실히 배우면 100시간 가까이 절약할 수 있고, 계속해서 빠르게 성장할 수 있다. 결국 몇백 시간을 얻는 셈이다. 더할 나위 없이 효율적인 시간 투자라고 할 수 있다.

어떤 새로운 것을 배우기 시작할 때는 책을 한 권 읽고 기본을 배우자. 아니면 강사나 교사에게 직접 기본을 배우자. 이런 단 3시간의 노력으로 100시간 이상을 절약할 수 있다. 이것이 바로 '100시간 절약 공부법'이다.

모방하는 일은 간단해 보이지만, 사실 대다수가 제대로 하지 못한다. 혹은 본인은 따라 하고자 해도 맞지 않는 방법으로 어설프게 따라 하는 사람이 많다. 이번 장에서는 가장 높은 효율로 낭비 없이 기본을 확실히 배우기 위해 모방하는 비법, 또한 누구에게 배워야 할지 멘토나 코치를 찾는 방법을 알려주겠다.

공부법 1 배운 즉시 일단 따라 한다

처음에는 행동을 따라 하기

모방하기를 다르게 표현하면 '일단 그대로 해본다' '일단 들은 대로 해본다'라고 할 수 있다. 책을 읽으면 쓰어 있는 것을 일단 실천해본다. 세미나에 참가하면 배운 것을 일단 실천해본다. 당연히 하는 행동 같지만, 책을 읽어도 세미나에 참가해도 행동으로 옮기지 못하는 사람이 상당히 많다.

예를 들어 "작가님의 독서법 책 읽었어요!"라고 하는 사람에게 "그 독서법 중에 어떤 방법을 실행해 보셨어요?"라고 질문했더니 "이제부터 할 거예요"라는 대답이 돌아왔다. 마찬가지로 내 세미나에 참가했던 사람을 한 달 후에 만나서 "지난번 세미나에서 들은 내용은 실행하고 있나요?"라고 물었더니 "앞으로 해야지요"라는 대답을 자주 듣는다.

일부러 돈을 들여 책을 사고, 강의를 수강했는데 행동에 반영하지 않으면 낭비가 된다. 일단 어느 한 가지라도 행동으로 옮기는 것이 모방하기의 첫걸음이다.

작은 한 걸음은 위대한 도약

내 저서 《나는 한 번 읽은 책은 절대 잊어버리지 않는다》의 독자에게 이런 감상을 들은 적이 있다.

"《나는 한 번 읽은 책은 절대 잊어버리지 않는다》를 읽고 가장 기본적인 방법을 실천해봤어요. 바로 형광펜 독서법입니다. 수험생처럼 형광펜을 오른손에 들고, 깨달음을 주는 부분에 쭉쭉 형광펜을 긋기만 하면 됩니다.

처음 읽을 때는 노란색, 두 번째로 읽었을 때는 빨간색으로 줄을 그으니 머릿속에 쏙쏙 들어왔어요. 고등학교 때 하면 좋았을 독서 방법이네요.

책은 보물이에요. 어떤 의미로 정말로 소중한 존재이지만, 더욱 중요한 것은 책 내용이 기억에 남아서 자신의 피가 되고 살이 되어야 한다는 사실을 깨달았습니다.

책에 접힌 자국이 나는 것도, 더러워지는 것도 싫어했던 제가 형광펜으로 표시를 남기는 일은 엄청난 용기가 필요했어요. 그래서인지 오히려 신선하기도 했고, 더 기억에 남는 것 같아요.”
(나가노 현, 이토 미노루)

《나는 한 번 읽은 책은 절대 잊어버리지 않는다》를 읽고, 책에 표시를 남기기만 해도 기억에 남는 형광펜 독서법을 일단 실행해봤다는 이야기였다. 책에 담긴 한 가지 방법만 실행해도 이렇게 큰 깨달음을 얻고 성장할 수 있다.

“이것은 한 사람에게는 작은 한 걸음이지만, 인류에게는 위대한 도약이다.”

아폴로 11호를 타고 달 표면에 착륙한 닐 암스트롱Neil Armstrong은 이렇게 말했다. 처음에 겨우 하나를 모방하는 일은 아주 작은 한 걸음일 수 있지만, 그 한 걸음이 나중에 어마어마한 자기 성장과 위대한 도약으로 이어진다.

작은 한 걸음을 내딛지 못하는 사람은 영원히 성장할 수 없다. 우선 책을 읽거나 세미나에 참가했다면 거기서 배운 내용 하나

만 실행으로 옮겨보자. 그 작은 한 걸음이 틀림없이 큰 도약이
될 것이다.

의문을 품지 않는 순수함

'베스트 키드 The Karate Kid'라는 영화가 있다. 일본에서는 1985
년에 개봉해 큰 인기를 끈 가라테 영화다. 내성적인 주인공 소
년 다니엘은 불량배 무리에게 찍혀 매일 처절한 괴롭힘을 당하
며 괴로운 나날을 보낸다. 그러던 어느 날 가라테의 달인인 미
야기의 도움을 받는다. 강해지고 싶다고 생각한 다니엘은 미야
기의 제자가 되어 가라테를 배우기 시작한다. 그러나 미야기가
다니엘에게 지시한 것은 자동차에 왁스 칠하기, 벽에 페인트칠
하기, 마루에 사포질하기였다. 매일 허드렛일만 시키고 가라테
를 전혀 가르쳐주지 않자 다니엘은 결국 폭발한다.

"이런 건 가라테 연습이 아니잖아. 가라테를 가르쳐줘."

그러자 미야기는 다니엘에게 갑자기 손을 세게 내찌른다. 다
니엘은 순간 몸을 움직여 미야기의 공격을 좌우로 받아넘긴다.
그것은 자동차에 왁스를 칠하던 움직임과 완전히 같았다. 좌우

의 손을 원형으로 움직이는 왁스 칠 동작이 수비 연습이 된 것이다.

허드렛일이라고 생각했던 일이 사실은 가라테의 수비 연습이 되어 주었다. 그 움직임을 멋지게 습득한 다니엘은 스스로도 놀라면서 미야기가 자신에게 시킨 허드렛일의 진짜 의도를 알아차렸다.

몇십 년 전 영화지만, 지금도 이 장면이 생생히 떠오른다. 배움의 본질, 수파리의 '수'의 본질이 이 장면에 멋지게 함축되어 있다.

순수함은 궁극의 성공 법칙

이유를 따지려 하지 않고 들은 대로 실행하는 사람이 성장한다. 그것은 다시 말해 순수함이라고 할 수 있다.

자기 계발 책을 읽다 보면 종종 순수한 사람이 성공한다는 이야기가 있다. 순수한 사람은 일일이 이유를 따지지 않고 일단 실행에 옮긴다. 들은 그대로 순수하게 따라 한다. 그런 사람이 결과적으로 폭발적인 성장을 이뤄낸다.

'왜?' '어째서?'라는 의문을 품는 일은 당연히 중요하다. 다만 그 의문을 곧바로 남에게 묻지 않는다. 스스로 철저히 생각해보고, 어느 정도 할 수 있게 되면 자신이 답을 도출할 수 있다. 스스로 깨닫고 스스로 발견하게 되는 것이다. 그것이 바로 성장

아닐까?

세상에는 순수하지 않은 사람이 많다. 순수하지 않은 사람은 아무리 대단한 정보를 들어도 변명으로 일관하면서 실행하지 않으므로 기회를 손에 넣지 못한다.

순수한 사람은 일단 해본다. 선입견을 지니거나 일방적으로 단정 짓지 않고 행동한 다음 생각한다. 그래서 누구보다 빠르게 행동해서 기회를 놓치지 않는다. 당연히 기회를 손에 넣을 가능성이 훨씬 크다.

순수한 사람만이 새로운 일을 재빨리 배울 수 있다. 순수함은 궁극의 성공 법칙이다.

공부법 3 깨달음은 스스로 얻는다

'아하!'의 순간을 만들려면

다니엘은 미야기에게 들은 대로 허드렛일을 이어나갔다. 연유는 모르지만 들은 대로 계속했다. 미야기를 신뢰하고 존경했기 때문이다. 마지막에는 참지 못하고 폭발했지만, 그래도 이유를 묻지 않고 시키는 대로 했다. 이 부분이 중요하다.

의문을 품고 질문하는 것은 배우고 공부하는 데에서 중요한 듯하지만, 처음 배움을 시작하는 '수' 단계에서 해서는 안 된다.

스승에게 들은 대로 철저히 실행해서 익히는 순간, 그 움직임과 행위에 의미가 있는 것이라고 스스로 깨달을 수 있다. 노력과 고생을 통해 스스로 얻은 깨달음은 잊지 못하지만, 다른 사람에게 들은 것은 금방 잊는다.

깨달음은 강력한 배움이다. 지식, 체험, 동작을 자기 것으로 만들려면 깨달음이 필요하다. 듣기만 하거나 그저 계속하기만 하는 것은 의미가 없다.

이 깨달음의 순간을 뇌과학자 모기 겐이치로는 '아하 체험'이라고 소개했다. '맞아!' '생각났어!' '깨달았다!'라고 느끼는 체험을 말한다. '아하!' 하고 깨달으면 0.1초 정도의 순간에 뇌의 신경세포가 일제히 활동한다. 그 결과 세상을 보는 방법이 바뀌고 지금까지와는 다른 내가 된다고 모기 겐이치로는 말했다. 즉 깨달음은 인간의 신경세포 네트워크를 순식간에 변화시켜 인간을 급성장시킨다는 말이다.

어째서 '수' 단계에서 "왜?"라고 이유를 물으면 안 될까? 스스로 깨달으면 '아하 체험'이 일어나 급속한 자기 성장이 유발되는데, 다른 사람에게 이유를 들으면 뇌에 아무 자극이 없어서 성장으로 연결되지 않기 때문이다. 깨달음을 얻으려면 안이하게 질문하기보다 그 의문을 스스로 끝까지 생각해야 한다.

듣지 않은 것을 어떻게 배우는가

들은 것을 들은 그대로 배우는 일은 모방하기의 중요한 비법이지만, 이는 최소한의 공부에 불과하다. 사람의 성장을 결정하는 데에는 듣지 않은 부분을 모방하고 배우는 일도 매우 중요하다. 한마디로 스승이 말로 하지 않은 부분을 따라 하는 것이다. 여기에는 마음가짐, 대하는 자세가 포함된다.

요리사의 세계에는 "기술은 눈으로 보고 훔쳐라"라는 말이 있다. 물론 이런 말을 들으면 '잘난 체하지 말고 빨리 가르쳐주지'라고 생각할 수도 있다. 그렇다면 요리 학교에서 필요한 조리 기술을 전부 배우고 졸업하면 맛있는 요리를 만들 수 있을까? 그것은 말처럼 쉬운 일이 아니다.

기술은 말로 설명할 수 있어도 태도나 자세에는 말로 설명할 수 없는 부분이 있다. 따라서 그것은 보고 모방해서 훔치는 수밖에 없다. 비즈니스에서 말하자면 '마인드'다. 비즈니스에는 노하우와 마인드가 있다. 초보자일수록 노하우나 구체적인 테크닉을 선호하고, 마인드에는 흥미가 없다. 그러나 중요한 것은 마인드다. 마인드 없이는 노하우를 활용할 수 없다. 아니면 잘못 활용했다가 실패하기도 한다.

비즈니스 마인드는 역시 말로 표현하기 어렵고, 말로 표현한다고 해도 표현만으로는 전해지지 않는다. 올바른 비즈니스 마인드를 지닌 사람과 함께 일하면 그 사람의 태도나 자세를 통해 비로소 이해할 수 있다.

보이지 않는 것까지 따라 해야 공부가 된다

오타니 쇼헤이大谷翔平 선수에게 메이저 첫 50홈런-50도루를 달성한 비밀을 물어본다고 한들 말로 표현하기는 어려울 것이며, 설령 할 수 있다고 해도 메이저리그의 치열한 최전선에 서 본 적 없는 우리가 그 말의 진정한 의미를 이해하기란 불가능할 것이다. 그러나 오타니 선수가 본인을 다스리는 엄격한 태도와 결코 우쭐하지 않고 혹독한 연습을 지속하는 자세는 우리도 모방하고 배울 수 있지 않을까?

타인에게 무언가를 배우려고 할 때 말로 들은 부분이나 말로 표현되는 부분을 배우는 것은 당연한 일이다. 그보다 한 걸음 더 나아가서 말로 표현되지 않는 부분, 자세, 마인드까지 배우자. 그런 것은 교과서를 읽어도 동영상을 봐도 전해지지 않는다. 보고 훔치고, 만나서 감지해야 하며, 모방을 통해 흡수하는 수밖에 없다. 이처럼 보이지 않는 것을 따라 하는 순간, 공부는 단순한 지식 습득을 넘어 '되고 싶은 나를 닮아가는 과정'으로 바뀐다.

모든 기본을 공략하면 상위 10퍼센트가 될 수 있다

모방의 첫걸음은 일단 해보는 것이지만, 한두 가지만 해보고 만족하고 마는 사람도 많다. 그러나 기본이라는 것은 전부 해야 기본으로 성립된다. 즉 전부 하지 않으면 숙달할 수 없다.

수학을 배울 때 미분과 적분은 좋지만, 확률과 통계는 싫다고 그것만 빼놓고 공부할 수는 없다. 무술을 배울 때 발차기는 싫다고 그것을 연습하지 않는 사람은 강해질 수 없다. 기본을 전부 해야 숙달하는 것이다.

그러나 어른의 공부에서 기본을 철저히 전부 실행하는 사람은 10퍼센트 정도뿐이다. 내 페이스북 세미나에서 페이스북의 기본적인 사용법을 배운 사람들도 대개 두세 가지밖에 실행하지 않았다. 그래서 성과가 나오지 않는 것이다.

성과가 나오지 않으면 동기 부여가 지속되지 않으므로 중간에 멈추게 된다. 기본이 열 가지라면 열 가지 전부 배우고 실천해서 터득해야 한다.

배우는 기술의 개수와 성과는 다음과 같이 떠올리면 된다. 기술을 두 가지만 배운 사람은 2의 2제곱으로 4의 성과가 나온다. 기술을 세 가지 배운 사람은 2의 3제곱으로 8의 성과를 낸다. 기술을 다섯 가지 배운 사람은 2의 5제곱으로 32의 성과를 낸다. 열 가지 기술을 전부 배운 사람은 2의 10제곱으로 1,024의 성과를 낸다. 기술을 다섯 가지 배운 사람과 열 가지 배운 사람은 기술 개수에서는 두 배의 차이지만, 성과는 32배의 차이가 난다.

기본을 전부 배워야 하나의 기능이 되므로 부분적으로 배워서는 소용이 없다. 스포츠나 공부에서는 당연하게 파악하지만, 이상하게도 어른의 공부에서 기본을 전부 제대로 해내는 사람은 드물다.

다시 말해 기본만이라도 전부 파악하면 그것만으로도 상위 10퍼센트가 될 수 있다. 그러면 다른 사람들보다 훨씬 앞으로 나아갈 수 있다.

공부법6 아무것도 하지 않고 흡수한다

저절로 배울 수 있는 꿈의 공부법

'공부' 하면 어떤 느낌이 떠오르는가? 힘들고 괴로운 느낌, 머리에 띠를 두르고 필사적으로 노력하는 이미지. 아마 많은 사람이 그렇게 느낄 것이다.

사람들은 필사적이 아니라 좀 더 편하게 공부하기를 바랄 것이다. 스펀지가 물을 흡수하듯이 자동으로 뇌에 정보와 지식이 흘러 들어가서 아무 노력 없이 폭발적으로 성장한다면 얼마나 좋을까? 하지만 그런 꿈같은 공부법이 있을까?

사실 그런 방법이 존재한다. 아무 노력도 하지 않고, 그곳에 존재하기만 해도 자동으로 공부가 된다. 그런 꿈같은 공부법이 바로 '거울 뉴런Mirror Neuron 공부법'이다.

무명 배우의 법칙

무명 배우의 법칙을 알고 있는가? 무명 배우들이 저렴한 술집에서 밤늦게까지 연극론에 관해 열띤 토론을 펼치고 있다. 흔히 볼 만한 풍경이지만, 안타깝게도 그들이 아무리 의견을 주고받아도 성장하는 데에는 별 도움이 되지 않는다. 무명인 사람들끼리 모여서 잘되는 길을 모색한다고 해도 좋은 결론이 나올 수가 없다.

무명 배우들이 계속 무명인 상태인 것은 그들끼리 어울리기 때문이다. 성공하지 못하는 마인드, 행동, 습관에 완전히 잠겨 있으므로 그곳에서 탈출하기는 여간 어려운 일이 아니다.

그러면 어떻게 해야 할까? 성공한 배우와 함께 술을 마셔도 좋고, 성공한 배우 옆에 붙어서 심부름을 해도 상관없다. 성공한 사람은 무슨 생각을 하고, 어떻게 행동하며, 어떤 습관이 있는지 보고 배워야 한다.

술집에서 거침없이 상사의 험담을 늘어놓는 직장인도 마찬가지다. 무슨 일을 해도 제대로 되지 않는 부정적인 사고의 직장인이 3명 모여서 서로 상담을 해준들 훌륭한 아이디어나 생각이 떠오를 리가 없다. 상사를 험담하면서 스트레스를 발산하겠지만, 서로 부정적인 영향을 미칠 뿐이다.

근묵자흑이라는 말이 있다. 먹을 가까이하면 검어진다는 뜻인데, 뇌과학적으로도 일리가 있는 말이다. 자신이 누구를 만나고, 누구와 시간을 보내느냐에 따라 성장 가능성이 달라진다. 사람을 잘못 사귀거나 따듯한 물에 잠긴 듯이 안일한 환경에 둘러싸여 있으면 아무리 열심히 해도 자기 성장을 이룰 수 없다.

거울 뉴런의 놀라운 작용

어째서 다른 사람과 함께 있는 것만으로 상대의 영향을 크게 받을까? 그것에 뇌과학적 근거가 있을까?

지금 이 책을 읽고 있는 것만 봐도 당신은 모국어를 자연스럽게 구사하는 사람이다. 그런데 모국어를 필사적으로 공부한 기억이 있는가? 아마도 없을 것이다. 대개 철이 들 무렵에는 당연하게 모국어를 잘하고 있다. 잘 생각해보면 신기하다. 필사적으로 공부한 적이 없는데 한 가지 언어를 온전히 습득하고 있으니 말이다.

아기는 부모의 말을 듣고 부모의 일거수일투족을 보고 그것을 따라 한다. 크게 노력하지도 않고, 머리에 띠를 두르고 필사적으로 공부하지도 않는다. 그야말로 스펀지가 물을 흡수하듯이 어떤 어려움도 없이 자신이 듣고 보는 것을 전부 머릿속에 흡수한다.

아기 앞에서 짝짝 손뼉을 치면 아기도 따라서 짝짝 손뼉을 친다. 만세를 하면 아기도 만세를 한다. 아기는 부모를 따라 하면서 부모의 말과 동작을 스펀지처럼 습득한다. 아기는 모방의 천재다.

아기는 어째서 부모의 모든 것을 따라 해서 정보를 흡수할 수 있을까? 바로 거울 뉴런이 작용하기 때문이다. 뇌에는 사람의 움직임을 모방하는 신경세포가 존재하는데, 그것을 거울 뉴런이라고 부른다.

거울 뉴런은 보이는 것을 전부 모방하는 경향이 있다. 아기의 뇌는 미성숙하고 급성장하기 때문에 거울 뉴런이 활발하게 작용해서 보이는 것을 모두 스펀지처럼 자기 것으로 흡수할 수 있다. 어른도 아기만큼은 아니지만 거울 뉴런이 항상 활동한다.

우리는 보이는 것을 전부 따라 하는 경향이 있다. 거울 뉴런의 특성을 이해하면 어떤 노력도 들이지 않고 자동으로 편하게 공부할 수 있다.

거울 뉴런을 잘 활용하려면

영업부에 근무하는 당신은 2인 1조로 영업을 도는 일을 하고 있다. 이때 유능한 선배와 게으른 선배, 누구와 짝을 해야 할까? 만약 사내에서 실적이 상위권에 있는 B선배와 짝을 이루면 온종일 동행하기 때문에 성공률 높은 B선배의 영업 대화를 매일 자연스럽게 들을 수 있다. 그렇게 되면 고객에게 호감을 사는 방법, 시간 관리, 스케줄 관리까지 B선배의 업무 능력을 전부 흡수할 수 있다. B선배가 굳이 친절하게 가르쳐주지 않아도 B선배와 함께 행동한다면 B선배의 최강 업무 기술이 자신에게 인풋되는 것이다.

그런데 자동식 공부법은 효과가 뛰어난 만큼 상당히 위험한 측면도 있다. 만약 업무를 열심히 하지 않는 C선배와 짝을 이룬다면 어떻게 될까? 일단 C선배는 휴식 시간이 많다. 거래처를 한 군데 방문할 때마다 회의가 필요하다며 카페에서 잠시 쉰다. 업무에 대한 열정이 없고, 대충대충 넘어가려고 한다. 그런 C선배와 온종일 함께한다면 유능한 영업사원이 될 수 있을까? 틀림없이 C선배의 게으른 습관이 전염될 것이다.

거울 뉴런은 선악의 판단을 하지 않는다. 아이가 부모의 나쁜 습관이나 난폭한 언사를 그대로 따라 하듯이 부정적인 행동 패턴을 많이 접하면 그것을 무의식중에 모방하게 된다.

두 걸음 앞질러 가는 사람을 만나라

사고방식, 행동, 습관은 분명히, 확실히 전염된다. 거울 뉴런이 자기 주변 사람들의 사고방식과 행동을 복사해서 자기 자신에게 마음대로 집어넣기 때문이다. 친구들이 공부를 열심히 하면 자기도 공부를 열심히 하게 된다. 친구들이 노는 데만 정신이 팔렸으면 자신도 그렇게 된다.

교사, 강사, 코치, 멘토, 지도자 중에 누구에게 배울 것인지는 매우 중요한 문제다. 하지만 그만큼 누구와 함께 배울 것인지도 중요하다.

"자신의 친한 친구 5명의 연봉을 평균하면 자신의 연봉이 된다"라는 말이 있다. 실제로 계산해보면 알겠지만, 대강 비슷한 숫자가 나온다. 사람은 자신과 비슷한 단계에 있는 사람과 어울린다는 의미다.

뒤집어 말하면 자신과 비슷한 사람과 어울리면 거울 뉴런은 아무것도 배우지 못한다고 할 수 있다. 그래서 아무리 시간이 지나도 성장할 수 없다. 지금보다 자기 성장을 하고 싶다면 방법은 간단하다. 자기보다 앞서가는 사람들을 만나서 가능한 한 많은 시간을 보내면 된다.

자기보다 훨씬 잘나가는 사람들과 같은 공간에서 함께 시간을 보낸다. 그러는 동안 성공하는 사람의 사고방식, 행동 패턴, 발상법을 배울 수 있다. 게다가 거울 뉴런의 작용으로 특별히 노력하지 않아도 저절로 배울 수 있다.

그러나 자신보다 훨씬 잘나가는 사람에게 갑자기 "함께 식사하러 가시겠어요?"라고 하면 당연히 상대해주지 않을 것이다. 그런 사람과 늘 함께 있을 수 있다면 좋겠지만, 실제로는 어렵다. 그렇다면 어떻게 해야 할까?

자기보다 두 걸음 앞질러 가는 사람과 만나자. 당신은 평소 술자리에 누구와 같이 가는가? 아마도 같은 회사의 사람들과 술을 마시러 가는 경우가 가장 많을 것이다. 혹은 개인적으로 고등학교나 대학교 친구들과 만날 것이다. 속속들이 아는 친구나 동료와의 술자리는 즐겁기 마련이다. 기분 전환이 되고, 편안함을 주는 자리일 테지만, 그런 술자리는 성장에 별로 도움이 되지 않는다. 배움이라는 관점에서 말하자면 배울 점이 없다고는 할 수 없지만, 미미한 수준이다.

뇌는 '조금 어려움'을 선호한다. 자기보다 잘나가는 사람, 자기보다 훨씬 많은 지식과 경험, 성공 체험이 풍부한 사람과 함께 있으면 자신이 모르는 부분을 많이 접할 수 있으므로 성장으로 이어진다.

심리학에 '유사성의 법칙Law of Similarity'이 있다. 사람은 자신과 공통점을 지닌 사람에게 쉽게 마음을 연다는 말이다. 자신과 비슷한 사람들, 자신과 같은 수준의 사람들과 함께 있으면 안심이 되고 마음이 편안해진다.

사람은 자기보다 성공한 사람들과 모이면 긴장한다. 그러나 그 긴장감이 자극을 주어 성장을 촉진한다. 각종 세미나, 공부 모임에 가보면 자기보다 앞서 나아가는 사람들을 쉽게 만날 수 있다. 내가 운영하는 '웹 심리 학원'도 그렇다. 참가자의 절반 이상은 강사를 하고, 항상 참석하는 멤버의 3분의 1은 책을 출판한 적이 있는 저자다. 그런 사람들과 어깨를 나란히 하면서 친밀하게 교류할 수 있다는 점이 공부 커뮤니티의 묘미다.

내가 주최하는 출판 기념 강연회에는 회사에 근무하는 직장인들이 많이 참가하는데, 현 상황을 타파하고자 하는 의식이 강한 사람들이 모이기 때문에 그 자리에 있기만 해도 의욕이 솟아난다.

만약 당신이 지금보다 성장하고 싶다면 누구와 시간을 보낼 것인지 의식해야 한다. 자기보다 유능한 사람과 함께 있으면 몇 개월에서 몇 년 사이에 그 사람과 비슷한 수준에 도달할 수 있다. 자신이 본받고 싶은 사람들과 자연스럽게 어울리다 보면 반드시 그렇게 될 것이다.

나만의 스승을 찾는 3가지 방법

Super
Output
Study
Method

스포츠 선수의 올림픽 출전에 영향을 미치는 요소는 무엇일까? 마침 이전에 IOC(국제올림픽위원회)에서 선수 강화 업무를 하던 K씨를 만날 기회가 있었다. K씨는 올림픽 출전을 목표로 하는 우수한 선수들과 거의 매일 만나고 있었고, 이름난 올림픽 메달리스트들과도 깊이 교류하고 있었다. 스포츠의 최신 동향에 관심이 많았던 나는 K씨에게 질문했다.

"많은 선수 중에 올림픽에 출전하는 사람도 있고, 출전하지 못하는 사람도 있잖아요. 그 가장 큰 차이는 무엇인가요?"

K씨는 즉시 답했다.

"코치의 차이지요. 올림픽에 나갈 수 있는지, 나갈 수 없는지는 코치에 따라 달라져요. 올림픽에 나가서 성공하느냐 못하느냐는 코치에 따라 90퍼센트 정해집니다.”

지도자의 중요성은 이해하지만, 코치가 90퍼센트라니. 코치에 따라 거의 결과가 정해진다는 것이 상당히 의외였다. 개인의 소질이나 노력은 별로 관계없냐고 질문하자 이런 답이 돌아왔다.

“체력이 뛰어난 사람, 운동 감각이 좋은 사람은 정말 너무 많아요. 그런 것은 어찌 보면 당연히 갖춰야 할 요소라고 할까요? 그 상태에서는 도토리 키 재기나 다름없어요. 그 속에서 실력이 두드러지는 사람은 역시 지도자, 코치의 지도력에서 차이가 납니다.”

누구에게 배우느냐가 결과를 바꾼다

실제로 우수한 운동선수나 프로 스포츠 선수가 자신의 코치를 결정하는 문제는 매우 중요하다. 테니스 선수 니시코리 게이錦織圭가 마이클 창Michael Chang을 코치로 영입한 뒤에 눈부신 활약으로 세계 랭킹 4위까지 올라간 것은 유명한 이야기다. 그러나 꼭 운동선수에게만 코치가 중요할까?

우리는 자신의 코치나 지도자를 누구로 할지, 누구에게 배움을 얻을지 선택하는 문제를 깊이 고민하지 않는다. 그러나 누구에게 배움을 얻는지는 효율적으로 공부하고, 공부의 성과를 내는 데에 극히 중요한 문제다. 이제부터 배움을 얻을 상대를 찾는 방법에 관해 설명하겠다.

멘토는 누구인가

당신은 멘토가 있는가? 멘토는 어떤 배움을 주는 스승이나 선생을 말한다. 더욱 넓은 의미로 인생의 스승, 인생의 목표로 하는 인물이라는 의미로도 사용된다. 알기 쉽게 한마디로 말하자면 '본받고 싶은 사람'이다. 야구를 좋아하는 초등학생이 오타니 선수처럼 되고 싶다면 오타니 선수를 멘토라고 할 수 있다.

되고 싶다고 생각한 순간, 사람은 달라진다

나는 대학교 3학년부터 6학년까지 아르바이트로 과외를 했다. 총 열 명 이상의 학생을 가르쳤지만, 그중에서도 매우 인상적인 학생이 있었다. 고등학교 1학년이었던 남학생 K다. 그 학생은 수줍음이 많았고 말수가 적었다. 성실해서 숙제를 내주면 늘 열심히 해왔다. 하지만 성적은 중하위권이라서 일반 국립대에 들어가는 것도 어려운 상황이었다. 공부 자체를 싫어했기 때문에 즉효성이 있는 암기법이나 재미있게 외우는 방법을 가르쳤더니 공부에 흥미가 생겼고 성적도 확 올랐다.

반년 후 어느 날 그 아이의 어머니가 놀란 표정으로 말했다.

"우리 애가 의학부에 지원하고 싶대요!"

일반 국립대에 들어가는 것도 장담할 수 없었던 수준이었던 K가 갑자기 의학부에 지원하고 싶다고 말한 것이다.

나는 그 이유를 알 것 같았다. K와 공부를 하면서 휴식 시간에 내 학생 생활을 이야기했었다. 반년에 걸쳐 시신을 해부하고, 근육과 신경의 명칭을 공부하는 해부 실습 이야기나 병원 실습 체험담을 들려준 것이 K가 의사가 되고 싶은 마음에 불을 붙인 모양이었다.

K가 의학부에 지원하고 싶다고 했을 때 나는 매우 기뻤다. 의학부에서 의사가 되기 위한 공부를 하는 나를 동경해서 나처럼 되고 싶다고 생각했기 때문이다.

그때부터 K의 눈빛이 달라졌다. 내가 낸 숙제도 확실히 소화하고, 매일 몇 시간씩 혼자서도 공부하는 습관이 들었다. 대망의 수험일이 다가왔고, 아쉽게도 의학부에 합격하지 못했지만, 약학부에 합격했다. 처음에는 아무 국립대에 들어가기만 해도 좋겠다는 수준이었지만, 놀라울 정도로 성적을 끌어올려서 약학부에 합격한 것이다.

누군가를 본받고 싶다고 진지하게 생각하면 그 사람은 달라진다. 그리고 성과도 따라온다. 그것을 K의 노력이 알려주었다. K는 내 의학부 생활을 듣고 의사가 되고 싶다고 생각했다. 그 순간 나를 멘토로 여긴 것이다.

코치와 멘토, 둘 다 있으면 최강의 조합

역사상의 인물을 멘토로 삼기도 한다. 그것도 나쁘지 않고, 배울 점도 많다. 그런데 커다란 결점이 딱 하나 있는데, 바로 직접 조언을 들을 수 없다는 점이다. 이미 세상을 떠난 사람이니 당연하다. 하지만 우리가 무언가를 배우고, 공부하고, 성장해 가는 과정에 반드시 필요한 것이 있다.

바로 피드백이다. 지금 하는 방법이 올바른지 아닌지 수정할 수 있는 조언이 필요하기 때문이다. 어디를 고쳐야 하고, 어떤 방법으로 하는 것이 좋은지 조언을 듣지 못하면 방법이 잘못될 수도 있고, 연습을 잘못할 수도 있으므로 시간과 노력이 수포로 돌아간다. 따라서 실제로 만날 수 있고, 가까이에 있으며, 구체적인 피드백을 주는 사람을 코치로 삼아야 한다.

여기에서 말하는 코치는 스포츠 코치, 감독, 학교 선생, 학원 선생, 과외 선생, 직장 상사나 선배, 경영 카운슬러, 그리고 코칭 분야의 코치까지 포함된다. 자신이 신뢰할 수 있는 존재로, 구체적인 조언을 해주는 사람은 코치라고 할 수 있다.

멘토는 목표, 꿈, 장래 자신의 비전을 실현한 존재이며, 코치는 구체적인 피드백, 조언을 해주는 실무적인 지도자다. 둘 다 있으면 우리의 성장 속도에 가속이 붙는다.

코치와 멘토를 나누어 생각하면 자신이 배워야 할 상대, 지도자를 쉽게 찾을 수 있다. 장차 프로 야구 선수가 되고 싶은 야구부 고등학생에게는 오타니 선수가 멘토이지만, 코치는 야구부 감독이 된다. 오타니 선수처럼 되고 싶어도 오타니 선수에게 직접 조언을 들을 수 없으므로 실무적인 지도는 가까이에 있는 감독에게 받는 것이다. 즉 멘토는 역사상의 인물도 가능하지만, 역사상의 인물이 코치가 될 수는 없다.

물론 멘토가 코치가 되는 경우도 있다. 니시코리 게이 선수는 마이클 창을 코치로 두었는데 니시코리 선수의 현재 목표는 그랜드 슬램 우승이다. 마이클 창은 남자 단식 그랜드 슬램 최연소 우승 기록 보유자이며, 아시아계 남자 선수로서 세계 첫 그랜드 슬램 우승자이기도 하다.

니시코리 선수는 '마이클 창처럼 나도 그랜드 슬램에서 우승하고 싶다!'고 생각할 것이므로 마이클 창은 코치이자 멘토가 된다. 자신이 궁극적으로 본받고 싶고 동경하는 인물에게 직접 기술적인 지도를 받는 일은 배움이라는 의미에서 최고의 방법이다.

방법2 자신이 본받고 싶은 멘토를 찾기

멘토를 찾는 방법

주변에서 "멘토가 없다" "멘토를 찾을 수 없다"라는 이야기를 자주 듣는데, 사실 "내 멘토는 어디에 있을까?"라고 찾아봐도 갑자기 발견할 수 있는 것은 아니다.

멘토와 만나더라도 '이 사람이 내 멘토다!'라고 생각하지 않기 때문이다. 처음에는 '멋지다!' '근사하다!'라는 감정이 솟아오른다. 그러다가 '나도 해보고 싶다' '나도 이 사람처럼 되고 싶다'라는 생각이 들면 그 사람이 멘토가 된다.

멘토는 '저 사람처럼 되고 싶다!'라고 느껴지는 사람이다. 따라서 찾아보면 반드시 존재한다. 다양한 책을 읽다 보면 '이 사람 대단하네. 나도 이런 일을 하고 싶어'라고 느껴지는 사람이 분명히 있다. 혹은 텔레비전에서 인물 다큐멘터리를 시청해보는 것도 도움이 된다.

'정말 대단한 사람이다!'라고 느껴지는 사람이 있다면 직접 만나러 가보자. 유명인이나 지식인이라면 강연, 세미나, 이벤트 등을 개최하고 있을 가능성이 크다. 직접 만나면 강렬한 영감을 얻을 수 있다. 그 사람을 모델로 삼을지 말지는 순간적으로 판단할 수 있을 것이다.

외모에서 행동까지 따라 한다

오래전 이야기인데, 일본의 유명한 여자 가수 하마사키 아유미浜崎あゆみ를 좋아하는 젊은 여성들 사이에서 그녀의 헤어스타일, 메이크업, 패션을 똑같이 따라 하는 일이 유행했었다. 당시

하마사키 아유미를 닮은 여성이 대량으로 증가했던 모습이 기억난다.

자신이 동경하는 사람을 철저히 따라 하는 일은 좋다. 외모, 행동 등을 따라 하면 그 사람의 내면에 가까워질 수 있다. 자신의 공부를 위한 멘토라면 패션과 헤어스타일까지 따라 할 필요는 없지만, 그 사람의 습관과 생활방식까지 따라 할 수 있다면 시도해보자. 혹은 그 사람이 젊은 시절에 했던 일, 공부법과 연습법 등도 철저히 따라 해보자. 그때 멘토의 저서, 전기, 자전 등을 읽으면 매우 참고가 될 것이다.

내 멘토는 영화 평론가 오기 마사히로

나는 멘토가 몇 명 있지만, 인생의 첫 멘토는 영화 평론가이자 '월요 로드쇼'의 해설자인 오기 마사히로荻昌弘다. 초등학교 5, 6학년부터 영화에 빠진 나는 중학생 시절에는 텔레비전에 나오는 서양 영화를 일주일에 5편, 한 달에 20편 정도 봤다.

당시 요도가와 나가하루淀川長治, 미즈노 하루오水野晴郎 등 개성 있는 평론가가 많았는데, 그중에서도 알기 쉬우면서도 매우 날카롭게 분석하는 오기 마사히로의 해설에 빠져들었다.

초등학교 6학년 크리스마스에 카세트 녹음기를 선물로 받은 내가 제일 먼저 녹음한 것도 오기 마사히로의 '월요 로드쇼' 영화 해설이었다. 테이프에 녹음한 해설을 문자로 적은 다음 몇 번씩 반복해서 읽으면서 오기 마사히로의 알기 쉬운 해설에 어떤 비밀이 있는지 분석했다. 지금 생각하면 초등학교 6학년이 잘도 그런 일을 했구나 싶어서 놀랍기도 하다.

그런 내가 중학교 1학년 때 신문에서 엄청난 정보를 발견했다. '오기 마사히로 강연회'라는 글자가 눈에 들어온 것이다. 텔레비전 속 동경의 대상인 오기 마사히로가 삿포로에 와서 강연을 한다니 정말 드문 일이었다. 강연은 무료였지만, 추첨을 통해 몇백 명만 뽑는다고 했다. 나는 용돈으로 엽서 30장을 사서 응모했고, 2장이 당첨되어 어머니와 함께 갔다.

늘 텔레비전에서 3분 정도의 해설만 들었지만, 그날은 강연 시간이 길었다. 마침 개봉한 영화 '나막신 나무The Tree of The Wooden Clogs'의 이야기가 나왔는데, 들으면서 눈물을 흘렸다.

오기 마사히로는 영화 평론 이외에도 음식 평론, 오디오 평론도 했는데, 그의 고집이 담긴 이야기를 듣고 중학교 1학년이었던 나는 '영화, 음식, 미디어까지 자신의 취미를 업으로 삼을 수 있다니 훌륭해! 나도 오기 씨 같은 사람이 될 거야!'라고 마음속으로 정했다.

그것은 단순히 영화 평론가가 되겠다는 의미가 아니라 작가나 강연 활동 등 내가 좋아하는 일을 직업으로 삼을 수 있다는 깨달음이기도 했다.

그 후 대학에 들어간 뒤 본격적으로 영화 평론을 쓰기 시작해

서 영화 잡지 〈기네마 순보キネマ旬報〉의 독자 영화평에 투고하기 시작했다. 독자 영화평에 채택될 확률은 고작 몇 퍼센트라고 했지만, 그 좁은 문을 통과해서 열 편 가까이 영화평을 게재할 수 있었다.

그러던 어느 날 내가 대학교 5학년 때 오기 마사히로는 62세라는 젊은 나이에 세상을 떠났다. 당시에는 멘토를 잃어 매우 상심했지만, '나는 오기 마사히로의 후계자다'라고 멋대로 생각하고 영화 비평을 써 나갔다.

인터넷이 등장한 뒤에는 웹사이트나 이메일 뉴스레터에 영화 비평과 영화 해설을 게재했다. 2002년에는 내 첫 작품《스타워즈 신 3부작 완전 해독본スターウォーズ新三部作完全解読本》이라는 영화 책을 출판했다. 2004년에 시작했던 이메일 뉴스레터 '시카고발 영화의 정신의학'은 독자 수가 최대 5만 명이 되어 일본에서 가장 규모가 큰 영화 이메일 뉴스레터로 성장했다. 나아가 2012년에는 영화를 심리학적으로 분석한《아버지는 어디로 사라졌을까? 영화로 말하는 현대 심리 분석父親はどこへ消えたか 映画で語る現代心理分析》이라는 심도 있는 영화 연구서도 출간했다.

현재는 영화 잡지 〈FLIX〉에 연재도 하고 있어서 영화 평론가라고 말해도 부끄럽지 않은 활동을 하고 있다. 게다가 이 책과 같은 비즈니스 책도 다수 발간해서 내가 좋아하는 작가와 강연을 업으로 삼고 있다. 미식 분야에도 자신이 있다. 이런 내 모습은 오기 마사히로에 꽤 가까워진 듯하다.

이것이 바로 멘토의 효과다. 자신이 본받을 만한 사람을 떠올리고, 그 사람의 방식을 철저히 모방하자. 그러면 결국 그 사람처럼 될 수 있다.

입시학원에서 열정적인 강사를 만난 방법

사실 멘토를 만나는 것은 간단하지 않다. 일단 열심히 공부를 가르쳐주는 강사나 선생을 만나고 싶은 사람이 많을지도 모른다.

쓰보타 노부타카坪田信貴가 지은《전교 꼴찌 불량소녀가 1년 사이에 편차치를 40이나 올려서 게이오 대학에 현역으로 합격한 이야기学年ビリのギャルが1年で偏差値を40上げて慶應大学に現役合格した話》라는 책이 일본에서 베스트셀러가 되고, 영화로도 만들어져서 큰 인기를 끈 적이 있다(한국 개봉 명은 '불량소녀, 너를 응원해!' - 역주). 이 책을 읽거나 영화를 본 사람이라면 '나도 열정적으로 가르쳐주는 강사를 만났다면 얼마나 좋을까!'라고 느꼈을 것이다. 혹은 자신의 아이가 이런 선생 밑에서 공부하기를 바랄 것이다.

학생에게 열정을 쏟아붓는 강사는 영화·드라마에나 등장하며, 현실 세계에는 없는 것일까? 사실 의외로 우리 곁에 있을지도 모른다.

나는 열정적인 강사라는 말을 들으면 입시학원에 다닐 때 많은 도움을 받았던 데라이 선생님이 떠오른다. 재수생 시절 나는 '삿포로 입시학원'이라는 곳에 다녔다. 그곳에서 영어(장문 독해) 과목을 가르치는 데라이 선생님의 강의를 들었다. 선생님은 성심성의껏 알기 쉽게 강의하셨는데, 종종 강의 막바지에 "궁금한 게 있으면 언제든 물어보러 와"라고 말했다. 그렇지만 입시학원의 의학부, 치의학부 입시 코스에만 100명 정도의 학생이 수강하고 있었다. 개인적으로 질문을 하러 강사실까지 찾아가기에는 심리적 장벽이 높았다. 실제로 질문하러 가는 사람도 별로 없었다.

나는 영어를 잘하지도 못하지도 않았지만, 영문 독해 문제를 푸는 데 시간이 상당히 오래 걸렸기 때문에 늘 독해하는 시간을 줄이고 싶다는 고민을 했다.

그러던 어느 날, 데라이 선생님은 여느 때처럼 "궁금한 게 있으면 언제든 물어보러 와"라고 강의 시간에 말했다. 나는 굳게 마음먹고 강사실의 문을 두드렸다. 머문 시간은 10분 정도였지만, 선생님은 영문 독해의 요령을 정성껏 알려주었다. 그리고 마지막에 이렇게 덧붙였다.

"역시 영문 독해는 문제를 많이 풀어보면서 익숙해져야 해. 토요일 오후에 토요 세미나라는 걸 하고 있는데 너도 참가해 보겠니?"

그다음 토요일, 선생님이 메모에 써준 강의실을 찾아 주뼛거리며 들어갔다. 15명 정도의 학생이 필사적으로 영문 독해 문제를 풀고 있었다. 문제를 풀고 프린트를 선생님에게 가지고 가서 첨삭을 받고, 개별적으로 조언을 듣는 식이었다.

토요일에는 입시학원의 강의가 오전에만 있어서 오후에는 시간이 비었다. 선생님도 그 시간에 수업이 없어서 자신의 빈 시간을 할애해 영어 실력이 부족한 학생들을 위해 토요 세미나를 연 것이다. 이런 일을 해도 선생님에게 돌아가는 수입은 한 푼도 없었다. 그래도 영어가 부족한 학생들을 위해 개인적인 시간까지 투자하며 개별적으로 지도해준 것이다.

개별 지도를 받을 수 있는 시간은 한정적이지만, 영어 전반에 관한 질문이라면 뭐든지 답해주었기에 정말로 많은 도움을 받았다. 그렇게 반년 정도 지났을 무렵에는 영문 독해의 요령을 터득했고, 영문을 읽는 것이 즐거워졌다.

토요 세미나는 데라이 선생님이 개인적으로 지도하는 자리였으므로 입시학원의 커리큘럼 표에도 실려 있지 않았다. 데라이 선생님이 직접 권유하지 않는 한 세미나의 존재조차 알 수 없었다. 우연이었지만 나는 용기를 내어 강사실의 문을 두드린 덕분에 토요 세미나에 참가할 권리를 얻었다. 어떤 의미로는 선택받았다고 볼 수도 있다.

지금 돌이켜보면 데라이 선생님의 토요 세미나에 큰 도움을 받았다는 생각이 들어 지금도 감사하는 마음에 변함이 없다. 입시학원은 강사 수는 적은 반면 학생 수는 산더미처럼 많아서 강사에게 직접 조언을 듣는 일이 매우 귀중했다.

데라이 선생님은 틀림없이 열정적인 강사였다. 학생들의 영어 실력을 어떻게든 올려주고자 자신의 개인적인 시간까지 투자하면서 노력했기 때문이다.

먼저 손을 내밀어라

열정적인 강사는 의외로 우리 주변에도 존재한다. 그러나 그들이 텔레비전에 등장하는 열정적인 조언가처럼 매일 쉬지 않고 이야기해줄 수는 없다. 그렇게 하면 에너지가 금세 바닥날 것이다.

입시학원의 강사는 의욕이 넘치는 학생, 수강생에게 전력을 다해 도와주려고 한다. 하지만 의욕이 없는 상대에게 과도하게 개입하는 것은 괜한 참견이 되어 오히려 부담을 줄 수 있다.

데라이 선생님의 자세는 열정적이라기보다 개방적이었다. 모르는 것이 있으면 언제든 물어봐도 되고, 물으러 온 사람에게는 열심히 가르쳐주겠다는 마음이었다. 토요 세미나에 참가하는 일도 강제하는 것이 아니라 오고 싶으면 와도 된다는 식이었다. 개방적인 자세로 정말 의욕적으로 뭔가를 해보겠다는 학생을 선발하는 듯했다.

열정적인 강사라고 하면 이쪽이 어려움을 겪을 때 맞은편에서 먼저 손을 내밀어 여러모로 열심히 도움을 주는 사람을 떠올리기 쉽다. 하지만 실제로는 다르다. 대부분 몇 개의 반을 맡아서 몇백 명의 학생을 가르치고 있으므로 그럴 수 없다. 그러나 먼저 그 선생을 찾아가서 문을 두드린 학생에게는 성심성의껏 대응해준다.

강사나 선생을 만나려면 그쪽에서 먼저 다가오기를 기다리는 것이 아니라 내가 먼저 손을 내밀어야 한다. 강사들은 항상 오는 사람은 막지 않는다는 개방적인 자세로 기다리고 있다. 그 문을 여는 것은 스스로 해야 한다.

열정적인 강사와 만나려면 자신이 먼저 문을 두드리는 열정을 보여주면 된다. 본인의 마음이 갈팡질팡한 상태라면 힘을 북돋아줄 강사를 만날 수 없다.

입시학원을 예로 들어 설명했지만, 이것은 꼭 입시학원에 국한된 이야기가 아니다. 우리가 강사, 교사, 선생에게 무언가를 배우려고 할 때 전부 해당하는 이야기다. 아무것도 하지 않고 기다리기만 하면 상대는 다가오지 않는다. 자신이 먼저 열정을 발휘해야 강사도 뜨거운 열정을 불태울 것이다.

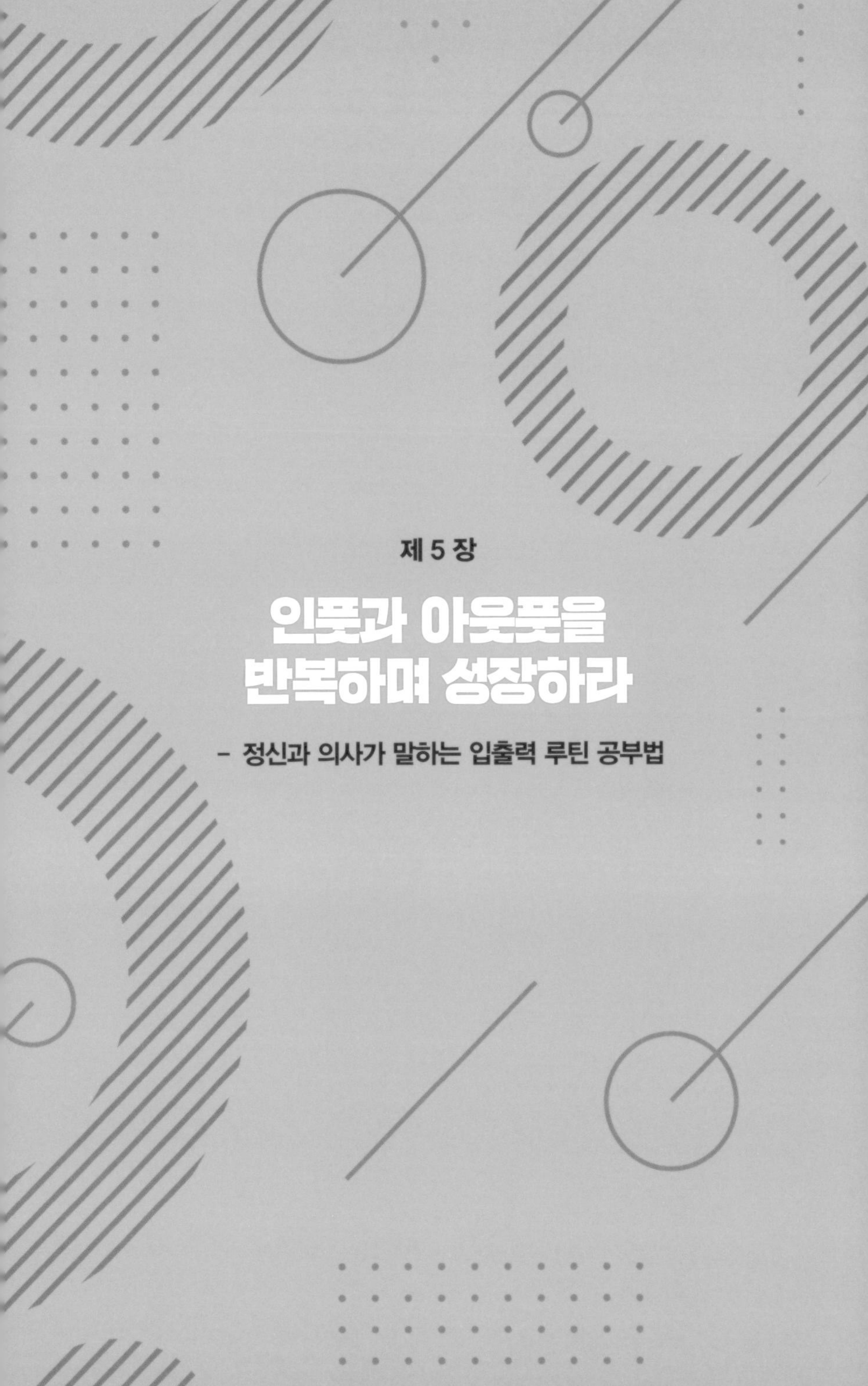

인풋과 아웃풋을 반복하며 성장하라

– 정신과 의사가 말하는 입출력 루틴 공부법

인풋과 아웃풋을 반복하는
입출력 루틴 공부법

앞 장에서는 '수파리' 중에서 기본을 배우는 '수' 단계에 관해 이야기했다. 이제 한 걸음 더 내디뎌 여러 가지 패턴을 공부해 응용하는 '파' 단계로 진행해보자.

많은 사람이 현재의 자신에게 만족하지 못하고, 변화를 꿈꿀 것이다. 그렇게 하려면 어떻게 해야 할까? 공부하면 자기 성장으로 이어진다는 막연한 이미지는 그리고 있지만, 구체적으로 무엇을 해야 할지 알고 있는 사람은 별로 없다.

나는 60년 동안 해온 공부와 40년 동안 공부를 가르친 경험을 살려 공부와 자기 성장의 확고한 모델을 만들어 냈다. 그 모델을 16년이라는 시간을 들여 내가 운영하는 '웹 심리 학원'의 멤버 총 2,000명 이상에게 실천하도록 했다. 그렇게 해서 실천하면 반드시 성과가 나오는, 재현성 있는 자기 성장 모델이라는 확신을 얻었다.

이번 장에서는 먼저 폭발적으로 자기 성장을 할 수 있는 입출력 공부법의 이론과 구체적인 실천 방법에 대해 자세히 알려주겠다.

공식 1 루틴으로 만드는 나선형 성장

베스트셀러 작가들의 자기 성장 비법

자기 성장을 끌어올리는 방법은 무엇일까? 결론부터 말하자면 일단은 인풋이다. 인풋을 하면 아웃풋을 한다. 아웃풋을 하면 또 인풋을 한다. 인풋과 아웃풋을 자꾸 반복하면 나선형 계단을 올라가듯이 자기 성장을 할 수 있다.

인풋과 아웃풋을 반복하지만, 원형처럼 같은 자리만 맴도는 것이 아니다. 인풋과 아웃풋을 한 바퀴 반복할 때마다 성장해 나간다. 결과적으로 계속 반복하다 보면 나선형 계단을 오르듯이 조금씩 위로 성장할 수 있다. 나는 이것을 '나선형 성장 법칙'이라고 부른다.

궁극의 공부법

인풋과 아웃풋을 반복하는 일의 중요성은 내가 처음 꺼낸 말이 아니다. 작가 다치바나 다카시는 《지식의 단련법》에서 "끊임없는 인풋이 쌓여 형성된 개성적이고 지적인 세계야말로 좋은 아웃풋의 토양이다"라고 말했다. 이 책은 인풋과 아웃풋이야말로 지적 생산 활동의 축이 된다는 주제를 내세우고, 작가가 하고 있는 정보 수집과 정리 등의 인풋, 글쓰기라는 아웃풋에 대해 상세히 소개하고 있다.

미국의 베스트셀러 소설가 스티븐 킹Stephen King은 스스로 소설 작법을 정리한 《유혹하는 글쓰기》에서 소설가가 되는 방법을 간단히 정리했다.

"작가가 되고 싶다면 무조건 해야 할 일이 두 가지 있다. 많이 읽고, 많이 쓰는 것이다. 내가 아는 한 그것을 대신할 방법은 없으며 지름길도 없다."

소설가가 되려면 인풋을 많이 하고, 아웃풋을 많이 하는 수밖에 없다는 말이다.

뇌과학자 모기 겐이치로는 《업무뇌》에서 "뇌를 활용하는 업무술의 핵심은 기쁨을 느끼면서 뇌의 출력과 입력의 사이클을 반복하는 것이다"라고 뇌의 인풋과 아웃풋이 반복되는 일의 중요성에 대해 말했다.

이렇게 인풋과 아웃풋을 꾸준히 실천하는 사람은 이 방식이 깊이 있는 지적 성과를 만드는 핵심 과정임을 잘 알고 있다.

성장은 아웃풋에 달렸다

1년에 책을 100권이나 읽어도 자기 성장을 전혀 실감하지 못하는 사람이 있다. 그런 사람에게 "최근에 읽은 책의 감상을 알려주세요"라는 질문이 들어오면 갑자기 말문이 막힌다. 읽은 책의 감상도 말하지 못하는 수준으로 책을 읽는다면 읽지 않은 것과 같다.

매월 비싼 돈을 내고 세미나에 참가하면서 열심히 공부하는 사람도 있다. 그러나 세미나에 발걸음을 한 지 3년이 넘었는데도 아무런 변화도 성장도 느끼지 못한다. 그런 사람에게 "세미나에서 배운 내용 중에 지금 실천하는 게 있나요?"라는 질문을 하면 역시나 할 말을 잃는다.

인풋을 많이 하면 효율적으로 공부할 수 있고, 성장할 수 있다고 많은 사람이 생각하지만, 완전히 잘못된 생각이다. 1년에 책을 100권 읽어도, 1년에 세미나를 30번 참여해도 아웃풋하지 않는 한 그 내용은 머릿속에서 대부분 지워진다. 그렇다면 현실에는 아무 변화도 일어나지 않는다.

인간의 뇌는 사용하는 정보를 강하게 기억한다. 다시 말해 사용하지 않는 정보는 전부 잊게 된다는 것이다. 정보를 사용하는 활동이 바로 아웃풋이다.

아웃풋을 할 때 정보가 사용된다. 그 정보는 뇌에 깊이 새겨져 자신의 피가 되고 살이 된다. 그에 따라 자신의 행동이 달라진다. 이처럼 아웃풋으로 폭발적인 자기 성장이 일어날 수 있다.

자기 성장은 인풋의 양이 아니라 아웃풋의 양에 비례한다. 공부를 하고 있는데도 성과가 없고, 성장을 자각하지 못하는 사람은 인풋 과잉, 아웃풋 부족 상태에 빠진 것이다.

인풋보다 아웃풋의 비율이 중요

한 달에 책을 10권 읽는다고 해도 그중에 1권도 아웃풋하지 않는다면 읽지 않은 것과 같다. 그럴 때는 인풋이 되는 책의 양을 줄이고, 아웃풋의 양을 늘려야 한다. 이를테면 읽을 책을 엄선해서 3권으로 줄이고, 그 책을 읽은 뒤에 감상과 깨달음을 확실히 아웃풋한다. 그러는 편이 10권의 책을 읽는 사람보다 시간은 걸리지 않으면서 빠르게 자기 성장을 할 수 있다.

인풋을 하면 최대한 아웃풋을 해야 한다. 애써 입력한 정보를 출력하지 않는 것은 입력된 정보를 버리는 것과 마찬가지다.

아웃풋이 바로 공부다

유명 가수의 공연에 갔다고 하자. 먼저 오프닝 공연을 하는 가수가 등장해 공연을 하며 그 자리의 분위기를 끌어올린다. 공연장의 분위가 고조되었을 무렵 드디어 주인공이 등장한다. 공연장은 박수로 가득하고 열기는 절정으로 치닫는다. 그 순간 당신은 자리를 박차고 일어나 집으로 돌아왔다.

자신이 좋아하는 가수의 공연인데, 그 자리에 가서 오프닝 공연만 보고 돌아오는 사람은 없을 것이다. 그러나 공부의 세계에서는 어째서인지 본공연이 시작하기도 전에 자리를 떠나는 사람이 많다.

책을 읽기만 하고 그대로 끝나는 사람이 있다. 책의 감상을 아무에게도 말하지 않고, 책의 감상과 깨달음을 정리하지도 않는다. 그런 책 읽기는 좋아하는 가수의 공연에 가서 오프닝 공연만 보고 돌아오는 것과 마찬가지다.

인풋은 오프닝 공연, 아웃풋은 본공연이다. 많은 사람이 인풋을 공부하는 일과 착각한다. 인풋은 어디까지나 공부와 기억의 준비에 지나지 않는다. 스포츠에서 준비 체조와 같은 것이다. 아웃풋이 진짜 공부이고, 인풋은 공부가 아니다. 인풋은 아웃풋을 위한 준비이고, 아웃풋이야말로 공부다.

성적을 올리고 싶다면 교과서를 덮어라

교과서를 반복해서 읽으면 공부가 된다고 믿는 사람이 많다. 그러나 교과서를 읽는 행위는 단순한 인풋이므로 그것만 몇 시간 반복한다고 해도 학습 효과가 매우 낮다. 맨 처음에 교과서를 읽고 이해하는 과정은 필요하지만, 그것은 기억을 위한 오프닝 공연이자 준비 운동에 불과하다.

그 후에 문제집을 풀거나 기억한 것을 떠올리며 종이에 쓰는 식으로 인풋과 아웃풋을 조합하지 않는 한 공부 효과를 충분히 얻을 수 없다. 공부란 아웃풋을 말한다. 공부해서 성과를 내고 싶으면 인풋 중심에서 아웃풋 중심의 공부 방식으로 바꿔야 한다.

공식4 공부의 황금비는 3대 7

인풋도 아웃풋도 모두 필요

공부는 아웃풋하기 나름이다. 그렇다면 공부 시간의 대부분을 아웃풋으로 돌리는 것이 가장 효과적인 공부법이냐고 질문할 수 있다. 대답은 그렇지 않다.

예를 들어 시험공부를 할 때는 교과서를 읽는 일이 인풋이고, 문제집을 푸는 일이 아웃풋에 해당한다. 교과서를 아예 읽지 않고 처음부터 문제집만 풀면 당연히 공부가 순조롭게 진행되지 않을 것이다.

적절한 아웃풋 비율은?

그렇다면 인풋과 아웃풋의 시간 배분은 어느 정도로 해야 할까?《공부의 비밀How We Learn》에 컬럼비아 대학의 심리학자 아서 게이츠Arthur Gates의 흥미로운 실험이 소개되어 있다. 실험에서는 인명록에 쓰여 있는 인물의 프로필을 초등학교 3학년부터 중학교 2학년까지 100명이 넘는 아이들에게 외우도록 지시했다. 아이들에게 주어진 시간은 9분이었는데, 외우는 시간과 연습하는 시간의 비율을 그룹별로 다르게 설정했다.

가장 좋은 결과를 낸 것은 약 40퍼센트의 시간을 외우는 데 소비한 그룹이었다. 좀 더 나이가 많은 학생일수록 외우는 시간이 줄어들어 약 30퍼센트의 시간을 외우는 데 쓰는 것이 좋다는 결과를 얻었다.

외우는 시간과 연습하는 시간, 즉 공부에서 인풋과 아웃풋의 황금비는 3대7 정도라는 결론이 나온 것이다. 물론 단순히 암기에 관한 실험이지만, 평소 공부할 때나 내 경험을 통해 봐도 이 비율은 대체로 들어맞음을 실감했다.

그러니 공부할 때는 인풋과 아웃풋의 비율이 3대7 정도가 되
도록 의식하자. 인풋의 2배가 넘는 시간을 아웃풋에 투입하는
것이 가장 효과적인 공부법이다.

초효율로 성장하는
입출력 루틴 공부법 4단계

Super
Output
Study
Method

인풋과 아웃풋을 반복하면 자기 성장을 폭발적으로 할 수 있으며, 특히 아웃풋이 중요하다. 이는 이해했을 것이다.

그러나 단순히 인풋과 아웃풋만을 반복해서는 안 된다. 정확히 말하자면 인풋 전에 훑어보기, 아웃풋 후에 피드백이라는 2단계를 추가해야 공부의 효과가 훨씬 향상된다.

즉 공부하기 전에 훑어보고, 인풋을 하고, 아웃풋을 하고, 마지막으로 피드백한다. 그리고 피드백의 성과를 다음 인풋에 반영시켜 인풋을 수정하고, 아웃풋과 피드백을 다시 반복한다. 이렇게 훑어보기, 인풋, 아웃풋, 피드백의 4단계를 반복하는 과정이 효과적인 공부법의 모델이라고 할 수 있다. 각 4단계의 구체적인 실천 방법을 알아보자.

공부의 핵심에서 벗어나지 않게 하는 훑어보기

당신은 책을 읽을 때 어떤 식으로 읽는가? 대답할 필요도 없이 책을 첫 페이지부터 읽는 것이 당연하다고 생각하는 사람은 독서 하수다. 독서에 서툰 사람은 대개 첫 페이지부터 순서대로 읽기 시작한다. 그러나 독서를 잘하는 사람은 먼저 페이지를 팔랑팔랑 넘기며 전체를 훑어본다.

먼저 목차를 보고, 책 내용을 대강 파악한다. 다음으로 책을 넘기면서 책 속에서 가장 알고 싶은 내용을 먼저 읽는다. 대개 15분 정도면 그 책에서 가장 읽고 싶었던 핵심 부분을 다 읽을 수 있다.

이처럼 먼저 전체적으로 살펴보는 훑어보기 독서를 한다. 그리고 처음으로 돌아가서 정독을 시작하면 독서 속도가 상당히 빨라진다. 게다가 굉장히 깊이 있게 읽을 수 있어 책 내용도 몇 배나 기억에 남는다.

이는 독서뿐 아니라 모든 공부에 적용된다. 시험공부를 할 때는 출제 범위의 가장 첫 페이지부터 공부해서는 안 된다. 먼저 시험 범위의 전체를 대강 마지막까지 훑어보면서 전체 모습을 파악한다. 그리고 처음으로 돌아가서 그다음 중요한 부분, 시험에 나올 만한 부분을 중점적으로 공부한다. 중요도가 낮은 부분은 뒤로 미루고 완급을 조절해서 공부해야 한다.

첫 페이지부터 순서대로 빠짐없이 공부하는 방법은 기억하는 데에 매우 비효율적이다. 처음부터 순서대로 공부하면 중요하지 않은 부분에도 쓸데없이 시간을 들이게 되어 핵심에서 벗어난 공부가 되기 때문이다. 경우에 따라서는 시험 범위의 마지막까지 다 공부하지 못할 가능성도 있다.

우리의 뇌는 정보를 네트워크로 기억한다. 관련성이 있는 것을 기억하기는 쉽지만, 관련성이 없는 것을 기억하기는 지극히 어렵다는 말이다. 정보를 기억하려고 하는 경우 관련성, 즉 전후의 맥락이나 전체적인 위치를 확실히 해두고 공부하는 편이 무작위로 공부하는 것보다 뇌에 기억으로 정착시키는 데 훨씬 효과적이다.

공부를 시작하기 전에 전체 모습을 훑어보자. 높이 나는 새의 눈이 되어 전체 흐름을 파악한다. 하늘에서 새가 내려다보듯이 파악하면 지금 전체 중에서 어느 부분을 공부하고 있는지 관련성을 쉽게 알 수 있어 기억에 쉽게 남는다. 다음으로 새의 눈처럼 공부하는 방법을 더욱 구체적인 실천법과 함께 알아보자.

전체를 훑어보는 예습 공부법

초중고 시절 예습과 복습이 중요하다는 말은 자주 들었을 것이다. 복습의 중요성은 이해가 가지만, 예습은 왜 중요한 것일까? 예습이야말로 훑어보기 그 자체이기 때문이다.

오늘 수업에서 어떤 부분을 공부하는지 미리 알아두면 전체 모습을 파악할 수 있다. 선생님의 이야기를 듣고 그다음 이야기의 전개를 예상할 수 있으므로 전후 관련성을 파악하기 쉽고, 이야기도 쉽게 이해할 수 있다. 그리고 들은 이야기가 네트워크로 구성되어 기억에 강하게 남는다.

시험 전에는 반드시 대비 강좌를 들어라

이전에 위스키 검정 시험(일본에서 실행하는 위스키 지식을 검증하는 자격증 시험- 역주)을 보기 위해 시험 전에 대비 강좌를 수강한 적이 있다. 그 강좌를 통해 단 3시간 만에 200페이지가 넘는 시험 교재의 전체적인 내용과 시험에 나올 만한 요점을 효율적으로 이해할 수 있었다.

자격증 시험이나 검정 시험에서는 주최 단체, 관련 단체, 학교 조직 등에서 미리 대비 강좌가 열리는 경우가 많다. 그런 대비 강좌는 반드시 수강해야 한다. 시험 범위의 전체적인 내용을 훑어볼 수 있으면서 시험의 핵심과 요점도 배울 수 있으므로 핵심을 벗어나지 않고, 낭비 없이 효율적으로 공부할 수 있기 때문이다.

철골 빌딩처럼 전체에서 세부로

빌딩 공사 현장에서는 기초 공사와 철골을 쌓아 올리기 전까지 몇 개월 정도의 시간이 필요하지만, 철골을 쌓아 올린 후에는 순식간에 빌딩이 완성된다. 이 철골 빌딩 건설법은 효율적인 공부법 그 자체다.

먼저 기본을 확실히 파악하고(기초 공사), 전체의 틀을 배운다(철골 공사). 마지막으로 세부적인 지식을 학습한다(외벽 공사, 내장 공사). 철골을 쌓아 올리면 동시에 공사가 진행되므로 매우 효율적으로 작업이 이루어진다. 빌딩 공사도 공부도 전체에서 세부로 진행하는 것이 효율적이다.

철골 빌딩 공부법과 대조적인 것이 벽돌 쌓기 공부법이다. 벽돌로 집을 지을 때는 벽돌을 한 단씩 순서대로 쌓아 올려야 한다. 중간에 한 줄만 건너뛸 수는 없다. 그야말로 시험 범위를 첫 페이지부터 순서대로 공부해 가는 공부법과 같다. 중요한 핵심이 후반에 있어도 그 부분을 먼저 공부하지 않으므로 매우 비효율적이다.

철골 빌딩 공부법에서는 먼저 전체의 구조를 쌓아 올리므로 지식을 쉽게 연결할 수 있다. 지식은 서로 연결될수록 기억에 오래 남는다. 그래서 이 방식은 단기적인 암기보다 장기 기억을 만드는 데 특히 효과적이다.

비즈니스 잡지를 활용하기

월간이나 주간으로 발행되는 비즈니스 잡지는 어른의 공부에서 중요한 인풋 재료가 된다. 시간술, 필기법, 독서법, 로지컬 싱킹, 심리학, 통계학 등 다양한 업무 기술, 혹은 AI, 로봇, 연금 문제 등 최근 테크놀로지나 경제 문제의 화제를 다루고 있기 때문이다.

전부 그 분야에서 최고라고 할 만한 사람들이 등장해서 다수의 시각으로 하나의 주제를 놓고 총망라해서 이야기한다. 또한 인터뷰, 취재, 서평, 체험기 등 주제와 관련된 다양한 관점을 얻을 수 있다.

다만 아무리 훌륭한 특집 기사가 실려 있어도 잡지 한 권 읽었다고 주제를 깊이 이해하고, 실천으로 옮길 수 있을까? 행동화하고 습관화하기까지는 어려울 것이다. 이때는 비즈니스 잡지의 내용을 공부의 기점으로 삼고, 더욱 심화해서 인풋한다면 매우 유익한 공부 도구로 활용할 수 있다.

구체적으로 그 기사를 쓰거나 인터뷰에 나온 전문가 중에 관심이 가는 사람이 있다면 그 사람의 저서를 한 권 읽어본다. 실제로 특집 기사마다 참고도서가 소개되는 경우도 많으므로 그렇게 줄줄이 엮인 독서를 하면 지식이 훨씬 깊어진다. 이렇게 폭을 넓혀주는 기사에 자신의 심도 있는 인풋을 더한다면 공부 효율이 크게 올라갈 것이다.

만화나 입문서로 진입 장벽을 낮추기

페이지 수가 많아서 두꺼운 책을 끝까지 읽는 것은 독서를 즐기지 않는 사람에게 매우 힘든 일이다. 특히 고전이나 명작이라고 불리는 도서는 분량이 300페이지를 넘기는 경우도 많다. 예를 들어 세계적인 베스트셀러 스티븐 코비Stephen Covey 박사의 《성공하는 사람들의 7가지 습관》은 나도 매우 큰 영향을 받은 책이다. 누구나 꼭 한 번 읽어보기 바라는 자기 계발서의 고전이라고 할 만한 책이지만, 일반적인 도서의 두세 권 분량일 정도로 두껍다. 평소에 책을 잘 안 읽는 사람이 끝까지 다 읽기에는 여간 어려운 일이 아니다.

그럴 때 도움을 주는 것이 바로 만화판이다. 최근에는 많은 비즈니스 분야의 책이 만화판으로 출간되고 있는데, 이것이 의외로 괜찮다. 활자와 친하지 않은 사람이라도 편하게 읽을 수 있고, 그 책의 전체 내용을 간단히 파악할 수 있기 때문이다.

《성공하는 사람들의 7가지 습관》을 읽고 싶어도 두꺼운 책을 갑자기 읽어 나가기는 부담스럽다. 그럴 때는 만화로 나온《어린이를 위한 성공하는 사람들의 7가지 습관》을 읽어 본다. 금세 《성공하는 사람들의 7가지 습관》의 전체 내용을 훑어볼 수 있다. 그다음에 원래의 저서를 읽어본다.《성공하는 사람들의 7가지 습관》의 내용은 이미 대강 이해하고 있으므로 두꺼운 책이라도 읽기 쉽고, 훨씬 편하게 이해할 수 있다. 독서 속도도 대폭으로 향상된다. 고전의 만화판은 새의 눈으로 보는 공부법에 큰 도움이 된다.

마찬가지로 어떤 새로운 것을 공부하려고 할 때는 먼저 입문서를 읽고 전체 내용을 파악해보자. 그런데 이상하게도 사람들은 매우 난해한 전문 서적에 먼저 손을 뻗는 경향이 있다.

어려운 경제, 경영, 과학에 대해 알고 싶을 때는 먼저 입문서를 읽어보자. 깊이를 더하고 싶다면 원래의 저서나 더 난해한 책에 도전해본다. 전문 서적이라도 먼저 개요부터 파악해 두면 상당히 쉽게 이해할 수 있다.

많은 사람이 입문서보다 전문 서적을 사고 싶어 한다. 그러나 그렇게 하면 지식을 습득할 수 없다. '조금 어려운 공부법'에서도 언급했지만, 지나치게 어려우면 뇌를 즐겁게 하지 못해 공부가 되지 않는다. 먼저 입문서로 전체 내용을 파악하는 것이 효율적인 공부법이다.

암기가 필요하면 기출문제를 분석하라

나는 어느 분야를 공부할 때 기출문제부터 시작한다. 그렇다고 기출문제를 푸는 것은 아니다. 기출문제에 출제된 부분을 전부 조사해서 교과서나 교재에 빨간 형광펜으로 칠해둔다. 객관식 문제라면 정답이 아닌 함정 선택지도 출제된 것으로 보고 형광펜으로 표기한다. 출제자가 어디에 시선을 두었는지를 먼저 확인하는 작업이다.

이 작업을 과거 5년 치의 분량만큼 거슬러 올라가면 어떤 문제가, 어떤 분야에서, 어느 정도의 난이도로 출제되는지 손바닥 보듯이 훤히 보인다. 과거에 여러 번 출제된 부분과 과거에 한 번도 출제되지 않은 부분을 분석하다 보면 어느 부분이 나올지, 나오지 않을지 시험의 경향이 완전히 파악된다. 공부해야 할 것과 굳이 힘을 쓰지 않아도 되는 것이 명확히 갈라진다.

그리고 빨간 형광펜으로 칠한 부분을 노트에 정리한다. 전부 암기하면 만점을 받을 수 있는 암기 항목의 결정판을 만드는 것이다. 이 노트를 무엇보다 철저하고 완벽하게 암기한다. 이것이 기출문제 분석 공부법이다.

과거 5년 치의 문제를 전부 풀면 대부분 시험은 합격할 수 있다. 암기가 중심이 되는 시험과 과목은 기출문제만 분석해도 상당히 고득점을 올릴 수 있다. 기출문제 분석은 기출문제가 있는 시험에서는 최강의 공부법이라고 할 수 있다. 적은 시간으로 최대 점수를 노리는 가장 현실적인 전략이기도 하다.

일단 뭐든 공부하려고 마음먹었다면 먼저 훑어보면서 전체 내용을 파악한다. 처음부터 순서대로 공부하지 않고, 계획 없이 공부하지 않는다. 전체 내용, 흐름, 방향성을 파악한 다음 공부를 시작하면 더욱 빠르고 효율적으로 공부할 수 있다.

아웃풋을 뒷받침하는 인풋의 7가지 요령

인풋을 했다면 아웃풋을 해야 하며 특히 아웃풋이 중요하다고 언급했다. 그렇다고 인풋이 중요하지 않다는 말은 아니다. 인풋 없이는 아웃풋도 없다. 인풋과 아웃풋의 황금비는 3대7이다.

인풋에 많은 시간을 들이지 않아도 아웃풋 효과는 충분히 얻을 수 있다. 아웃풋을 뒷받침하도록 능숙하게 인풋하면 공부의 효율이 전체적으로 향상된다. 그런 낭비 없는 인풋의 요령을 이제부터 전달하겠다.

요령 1 아웃풋을 위해 인풋하라

같은 시간을 투자해도 인풋의 효율을 대폭 향상시킬 방법이 있다. 아웃풋을 전제로 인풋을 하는 것이다.

예를 들어 회사에서 일주일 동안 미국을 시찰할 멤버로 당신을 선택했다고 하자. 해외에 나간다고 기뻐한 것도 잠시, 상사에게 이런 말을 들었다.

"귀국 후에 사장님과 부장님을 모시고 전 사원 앞에서 한 시간 동안 시찰 보고회를 열기로 했으니 잘 부탁해."

'보고회라니 정말 번거로운 일이겠는걸'이라고 생각하며 의

기소침해졌다. 사장님과 부장님까지 참가한다면 어설픈 보고로는 어림도 없다. 사전에 시찰할 기업의 데이터를 예습하고, 시찰 중에는 방문하는 기업의 인터뷰를 녹음하고, 프레젠테이션에서 사용할 사진도 넉넉히 촬영해야 한다. 의문이 있으면 상대에게 질문해서 확실히 해결해 놓는 등 상당한 노력이 필요하다.

이렇게 귀국한 뒤 보고회에서 발표해야 한다는 압박감이 시찰 중의 주의력과 집중력을 올려서 인풋의 효율을 폭발적으로 향상시킨다. 만약 귀국 후 A4 보고서 한 장만 제출하라고 한다면 미국 시찰은 유람만 하다가 돌아오는 여행이 될 것이다.

마찬가지로 책을 읽을 때 다 읽은 뒤 페이스북에 책의 감상을 쓰기로 정해놓으면 책을 훨씬 깊이 있게 읽을 수 있다. 실제로 나는 책을 읽고 나면 이메일 뉴스레터, X, 페이스북, 블로그에 서평을 올린다. 그러면 최저 1만 명, 많게는 10만 명이 그 게시물을 읽는다. 10만 명이 읽는다고 생각하면 역시 긴장감이 생긴다. 따라서 책 한 권을 읽는 일도 매우 신중해진다.

서평을 대충 쓴다면 "대단하다는 듯이 독서법 책을 쓰고 있지만, 책 읽기에 깊이가 없네"라는 말을 들을지도 모른다. 애써 게시물을 올리고 있으니 "역시 독서법 저자답게 책 읽기에 깊이가 있네"라는 말을 듣고 싶다. 그런 압박감 덕분에 집중력이 높아져서 세세한 부분까지 의식하면서 심도 있는 독서를 하게 된다.

아웃풋을 전제로 인풋을 하면 같은 시간을 투자해서 같은 체험을 한다고 해도 얻는 정보량과 정보의 질이 크게 향상된다. 그런 정보는 아웃풋에 따라 기억에 완전히 정착한다. 이렇게 공부의 효율이 눈에 띄게 발전하는 것이다.

스스로 아웃풋 기회를 만들어라

보고회, 발표회, 프레젠테이션을 의뢰받을 일이 없는 사람도 있다. 그렇다면 스스로 개최하면 된다.

나는 거의 매년 미국이나 유럽에 비즈니스 시찰을 간다. 그리고 귀국 후에 반드시 온라인에서 500명 이상이 시청하는 시찰 보고 세미나를 개최한다. 세미나에서 이야기할 만한 정보를 가지고 돌아가야 한다는 가벼운 압박감 덕분에 귀중한 깨달음을 많이 얻을 수 있다.

다른 사람에게 의뢰받지 않으면 스스로 개최하면 된다. 친구나 비즈니스 동료 5명, 10명이라도 얼마든지 훌륭한 발표회가 된다. 참가자의 인원수보다도 아웃풋 모임을 한다는 사실 자체가 중요하다. 발표회가 있으면 시찰도 진심을 쏟게 된다. 프레젠테이션 준비를 하면서 겪은 일들을 정리하면 기억의 정착도 촉진된다.

인원수가 적어도 좋으니 스스로 발표회나 공부 모임을 개최해보자. 그러면 아웃풋을 전제로 하는 인풋을 의식하게 되어 자기 성장의 속도에 가속이 붙는다.

제4장에서 영화 '베스트 키드'의 이야기와 관련지어 순수함의 중요성을 설명했다. 인풋에서도 순수함은 매우 중요하다. 편견이나 선입견을 없애고 순수하게 인풋하는 일은 바꿔 말하자면 중립적인 태도로 인풋을 한다는 뜻이다.

색안경을 끼고 본다는 말이 있듯이 우리는 편향된 시점으로 매사를 보고 있다. 정보를 인풋하는 경우 반드시 색안경을 벗어야 한다. 선입견과 편견이 있으면 뇌는 그 기준에 적합하지 않은 것을 차단한다. 눈으로 읽고 있어도 머릿속에 전혀 들어오지 않는 셈이다.

관련된 실험을 소개하겠다.

하얀 셔츠 팀과 검은 셔츠 팀이 농구공을 계속 패스하는 동영상을 피험자에게 보여주고, 하얀 셔츠 팀이 몇 번 패스했는지 수를 세도록 했다. 한창 패스를 하고 있을 때 고릴라 탈을 쓴 사람이 지나간다. 놀랍게도 절반 정도의 사람이 고릴라가 나온 것을 알아차리지 못했다. 패스한 횟수를 세는 일에 집중한 탓에 장소에 어울리지 않게 고릴라 탈을 쓴 미심쩍은 사람을 인식하지 못한 것이다.

사람은 주의를 기울인 대상에만 시선이 간다. 이것은 정보 수집도 마찬가지다. 자신의 필터에 맞는 정보를 선택적으로 인풋하고, 그 이외의 정보는 무의식적으로 배제한다. 선입견이라는 필터가 있으면 그 이외의 정보를 보거나 듣고 있어도 머릿속에 전혀 들어오지 않는다. 따라서 인풋은 중립적인 태도로 하지 않으면 편향된 정보만 모으게 된다.

자기 입장을 중립적으로 유지하는 일은 어렵지만, '일단 제쳐두자'라고 마음속으로 다짐하면 의식적으로 중립적인 태도가 될 수 있다. 선입견, 신조, 신념은 일단 제쳐놓고, 지금은 판단하지 않는다. 나중에 종합적으로 판단하겠다고 스스로 다짐하자.

인풋한 후에 판단하기로 마음먹으면 중립적인 입장에서 지금까지 깨닫지 못했던 것, 놓쳤던 것, 몰랐던 것 등 새로운 정보와 지식을 얻을 수 있다.

요령3 흥미와 관심의 안테나를 세워라

'뭔가 재밌는 정보 없을까?'라고 생각하면서 스마트폰을 만지작거리면서 블로그나 SNS 등을 훑어보면 눈 깜짝할 새에 30분 이상의 시간이 흐른다. 누구나 흔히 겪는 일이다. 과연 그렇게 해서 재밌는 정보를 찾았는가?

막연하게 인터넷 정보를 탐색해도 재밌는 정보는 쉽게 만날 수 없다. 뇌는 안테나를 펼치지 않는 한 정보를 받아들이지 않게 되어 있기 때문이다.

심리학에 '칵테일파티 효과'라는 이론이 있다. 많은 사람이 참가하는 칵테일파티의 연회장 이쪽저쪽에서 다양한 화제로 대화가 무르익고 있다. 각자 무슨 이야기를 하는지는 잘 들리지 않는다. 그렇지만 그중 한 그룹에서 자신의 이름이 대화 속에 나온 순간 그쪽으로 시선이 확 쏠리지 않는가?

정보가 방대하게 넘치고 있어도 어느 정보에 주의를 기울이면 그 정보를 선택적으로 골라낼 수 있다. 이것을 선택적 주의라고 한다.

인간의 뇌는 매우 감수성 높은 필터를 장비하고 있다. 그래서 평상시 흥미나 관심 있는 키워드를 의식하기만 해도 중요한 정보를 놓치지 않게 된다. '뭔가 재밌는 정보 없을까?'라는 막연한 자세로 인풋하는 것은 시간 낭비다. 특정 키워드를 의식하고, 평소 자신의 흥미, 관심 영역을 명확히 해두어야 유익한 정보를 포착할 수 있다.

구글 검색창에 '재밌는 정보'라고 입력하고 검색을 클릭해보자. 검색 결과에 재밌는 정보가 나올까? 그렇지 않다. 막연한 키워드로 검색하면 막연한 정보가 표시될 뿐이다.

그러나 원하는 정보를 명확히 의식하기만 해도 자신이 원하는 정보가 계속 모인다. 자신이 흥미 있는 키워드를 떠올리기만 해도 X의 타임라인, 페이스북의 뉴스피드, 포털 사이트의 화제 뉴스 등 방대한 정보가 고속으로 흘러가는 장소라고 해도 원하는 정보가 눈에 쏙 들어온다.

정보를 일망타진하는 저인망 어선 인풋

평상시 자신의 흥미 있는 관심 영역을 명확히 해두자. 그러려면 구체적으로 무엇을 의식해야 할까?

나는 뇌과학, 정신의학, 심리학이 흥미 대상이다. 좀 더 구체적으로 말하자면 학습, 기억, 수면, 운동, 긍정적인 심리학, 우울증, 치매, 자살 예방 등에 관심이 크다. 이런 키워드를 평소 의식하고 있다. 그렇게만 해도 X의 타임라인이나 페이스북의 뉴스 피드에 관련 정보가 지나갈 때 저절로 시선이 향한다.

그물을 펼쳐두는 것만으로 대량의 물고기(정보)가 잡히는 셈이다. 저인망 어선처럼 물고기를 일망타진하는 인풋법이 '저인망 어선 인풋'이다. '뭔가 재밌는 정보 없을까?'가 아니라 '○○에 관련된 정보 없을까?'라고 흥미와 관심의 안테나를 세우기만 해도 정보 수집과 인풋의 효율이 대폭 향상된다.

요령4 배움을 지나치게 욕심내지 말라

나는 매월 몇 차례 세미나를 개최하고 있는데, 참가자 중에 노트 필기에 열중하는 사람이 몇몇 눈에 띈다. 내가 말한 내용을 한 마디도 빠뜨리지 않으려고 엄청난 속도로 필기에 몰두하는 모습이다.

이따금 세미나 중에 참가자의 발언을 들어보는 경우가 있는데, 필기에 몰두하는 사람일수록 요점에서 벗어나는 대답이 돌아온다. 본인은 '기왕 돈 내고 세미나에 왔으니까 한 마디도 빼놓지 말고 들어야지. 많은 깨달음을 얻을 거야'라는 학구열에 불타고 있을 것이다. 그런 사람은 당연히 공부를 열심히 하는 사람이다.

그러나 필기에 지나치게 집중하면 강사의 이야기를 차분히 이해할 틈이 없다. 사색에 잠겨 다양한 아이디어를 펼칠 여유가 없으니 깨달음도 얻지 못한다.

필기를 많이 하려고 할수록 이야기의 흐름을 이해하고, 생각하는 여유가 없어진다. 수업을 따라가기에도 힘겨운 수험생처럼 소극적으로 듣게 되고, 깨달음을 얻기 위한 적극적인 수강에서 점점 멀어진다. 어른의 공부는 정보를 받아 적는 게 아니라 깨달음을 얻는 일이 목적이다. 생각하고, 이해하면서 이야기를 듣지 않으면 의미가 없다.

도야마 시게히코는 《생각의 도약》에서 "글자를 쓰고 있으면 그쪽에 정신이 쏠려 내용을 소홀히 하기 쉽다" "글자를 쓰다가 이야기의 흐름을 잃는다" "귀를 기울이는 사람만이 머릿속에 이야기를 잘 넣을 수 있다"라며 필기가 지나치지 않도록 주의하라고 했다.

노트 필기를 많이 하는 사람은 필기에만 의식을 집중하므로 이야기 내용이 머릿속에 들어오지 않는다. 그저 듣는 대로 적기만 하는 필사 기계가 되는 셈이다. 손을 멈추고 좀 더 이야기에 집중해야 한다. 배움을 욕심내지 말자. 배움을 욕심낼수록 얻는 배움은 오히려 적어진다.

적당한 깨달음의 수

강연이나 세미나에 참석했거나 책을 한 권 읽었을 때 깨달음을 세 가지 얻었다면 충분하다. 한 번도 생각해본 적 없어 눈이 번쩍 뜨일 정도의 깨달음을 얻었을 때만 노트에 깨달음을 메모해보자. 적게 느껴질 수도 있지만, 하루에 세 가지 깨달음을 얻었다면 책값이나 세미나 참가비는 제값을 하는 셈이다.

깨달음은 욕심을 낼수록 얻지 못한다. 깨달음은 행동으로 옮기고 습관으로 만들어야 가치가 생긴다. 책을 한 권 읽고 100가지의 깨달음을 얻었다고 한들 그것을 전부 행동으로 옮기고 습관으로 만들 수는 없다. 심지어 인간의 뇌는 용량의 한계도 있다. 인간의 뇌는 동시에 3개까지만 정보를 처리할 수 있다고 한다. 그것이 인간의 작업 기억(워킹 메모리)의 한계다.

예를 들어 아내가 슈퍼마켓에 가서 달걀, 우유, 양파, 배추, 돼지고기를 사 오라고 했을 때 기억할 수 있는가? 메모하지 않으면 곧 기억이 흐려진다. 그러나 달걀, 우유, 양파 세 가지만 사 오라고 한다면 어떨까? 틀림없이 기억할 것이다.

인간이 한 번에 기억해서 처리할 수 있는 정보는 3개까지다. 그 이상을 처리하려고 하면 용량 초과로 전부 잊고 만다.

"두 마리 토끼를 쫓다 한 마리도 못 잡는다"라는 속담이 있는데, 뇌의 세계에서는 동시에 세 마리까지 쫓을 수 있다. 뇌의 원칙으로 말하자면 "네 마리 토끼를 쫓다 한 마리도 못 잡는다"라고 할 수 있다.

일본에 '혀 잘린 참새'라는 전래동화가 있다. 어느 마을에 할아버지와 할머니가 살았는데, 할아버지는 다친 참새 한 마리를 구해서 정성껏 길렀다. 어느 날 쑤어놓은 풀을 참새가 먹자 할머니는 참새의 혀를 잘라버렸다. 할아버지는 참새를 찾아 산으로 갔고, 참새들은 할아버지에게 큰 궤짝과 작은 궤짝 중 하나를 고르게 했다. 만약 당신이라면 큰 궤짝과 작은 궤짝 중 어느 쪽을 고르겠는가?

참새를 구한 마음씨 좋은 할아버지는 작은 궤짝을 골라서 금은보화를 손에 넣었다. 참새의 혀를 자른 탐욕스러운 할머니는 큰 궤짝을 골랐는데, 그 속에서 뱀과 벌레와 도깨비가 나와서 아주 호되게 당했다. 욕심에 눈이 어두워져서 큰 궤짝을 고르면 모든 것을 잃는 것이다.

배움도 마찬가지다. 전부 배우겠다고, 많이 배우겠다고 욕심낼수록 학습의 효율이 떨어진다. 뇌의 용량은 세 가지까지다. 그러니 혀 잘린 참새 이야기를 떠올리면서 욕심을 버리고 세 가지의 깨달음을 확실히 손에 넣겠다고 생각하기 바란다.

 질문을 품고 들어라

강연과 세미나의 마지막에는 질의응답 시간이 있다. "질문 있는 분?"이라고 말하면 쥐 죽은 듯 조용해지면서 아무도 손을 들지 않는데, 강사에게는 정말 씁쓸한 일이다. '내 이야기를 전혀 듣지 않은 건가?'라는 마음이 들어 실망스럽기 때문이다.

두 시간이나 이야기를 듣고는 "질문 없습니다"라고 반응하는 것은 "나는 당신의 이야기를 듣지 않았습니다"라고 하는 것과 마찬가지다.

질문이 없다는 것은 모르는 것이 없다는 뜻이 아니라 자신이 모르는 것을 모른다는 뜻이다. 즉 이해하지 못했거나 얄팍하게 이해했다는 증거다. 이야기를 듣는 일은 인풋이지만 그저 이야기를 듣기만 하는 소극적인 수강은 아무 의미도 없다. 오른쪽 귀로 들어와서 왼쪽 귀로 빠져나갈 뿐이기 때문이다. 가까운 자리에 앉아 같은 시간에 같은 내용을 듣고 있는데 듣기만 하면서 소극적으로 수강하는 사람과 생각하면서 적극적으로 수강하는 사람은 인풋의 질이 완전히 다르다.

소극적 수강을 적극적 수강으로 전환하려면 질문을 생각하면서 들으면 된다. 이야기를 듣고 "이 이야기를 내 이야기로 바꾸면 어떻게 될까?" "○○의 경우는 어떨까?" "구체적으로 어떻게 될까?"라는 의문과 질문이 생기는 것은 그 내용을 이해하고 음미하며 검토하고 있다는 뜻이다.

질문이 있다는 것은 자신이 무엇을 모르는지를 알고 있다는 증거다. 자신의 무지를 아는 '무지의 지'의 단계에 들어왔으므로 놀라운 진화와 성장을 기대할 수 있다.

질문하기를 과제로

세미나나 강연회에 참가할 때 질의응답 시간이 되면 가장 처음으로 "저요!"라고 말하면서 손을 번쩍 들어 질문하기 바란다. 세미나가 시작하는 순간부터 '질의응답 시간에 무조건 질문하자!'라고 의식하면서 강사의 이야기를 듣는 것이다. 이 순간부터 아웃풋을 전제로 한 인풋이 되므로 집중력이 폭발적으로 높아진다.

반드시 질문하겠다고 마음먹으면 내용을 깊이 이해하면서 적극적으로 듣게 된다. 떠오른 질문과 의문은 그 즉시 메모하자. 이렇게만 해도 같은 시간을 들여 같은 내용의 이야기를 듣고 있는 다른 참가자보다 배움의 깊이를 더할 수 있다.

명함 교환 시간에 자기만을 위한 조언을 받아라

수줍음이 많아서 질의응답 시간에 손을 번쩍 들기 힘든 사람도 많을 것이다. 그런 사람은 명함 교환 시간을 활용해보자.

강연이나 세미나가 끝나면 강사 앞에 명함을 교환하려는 참가자가 줄을 선다. 강사와 이야기하는 시간은 한 사람당 30초에서 1분 정도일 것이다. 많은 사람이 이때 자기소개를 하겠지만, 별로 의미 있는 일은 아니다. 직업이 아주 희귀하거나 업적이 엄청나게 뛰어난 사람을 제외하고, 몇십 명이나 되는 사람과 명함을 교환하므로 강사들은 자기소개를 해도 대부분 기억하지 못한다.

명함을 교환하는 귀중한 시간에는 강사에게 질문을 해야 한다. 세미나가 한창 진행 중일 때 질문을 생각했다가 직접 질문하고, 대답을 듣는다. 30초의 교류 시간이라도 자기만을 위한 특별한 대답과 조언을 강사에게 직접 받을 수 있다면 그만큼 귀중한 체험은 없다. 그 질문과 대답은 당신의 기억에 아로새겨질 뿐 아니라 세미나를 들을 때도 이때 질문할 거리를 생각하기 때문에 손을 들어 질문하는 것과 같은 효과를 얻을 수 있다.

기본적으로 강사는 날카로운 질문을 받으면 '이 사람은 내용을 깊이 이해했구나'라는 생각이 들며 뿌듯해진다. 그래서 본질을 꿰뚫는 질문, 재치 있는 질문을 하는 사람이 의외로 기억에 남는다. 장황한 자기소개보다는 본질을 꿰뚫는 질문을 하나 하는 편이 강사에게 강렬한 인상을 줄 것이다.

명함을 교환할 때 질문하는 간단한 방법으로 세미나의 인풋 효과가 훨씬 커지고, 강사에게도 깊은 인상을 남길 수 있으므로 일석이조라고 할 수 있다. 꼭 시도해보기 바란다.

요령6 **정보와 지식의 균형을 맞춰라**

공부는 정보와 지식을 받아들여 기억하고, 활용하는 일이다. 정보와 지식에 따라 자신의 사고방식, 행동, 습관이 바뀌어 자기 성장을 이룰 수 있다.

다만 인터넷을 보거나 책을 읽거나 강의를 들을 때 우리는 정보와 지식을 대부분 구별하지 않고 인풋한다. 그러나 정보와 지식의 비율을 생각하지 않으면 공부에 상당한 시간과 노력이 낭비된다. 특히 책, 신문, 잡지, 인터넷 등의 문자 매체를 통해 인풋이 이루어지는 경우에는 정보와 지식의 차이를 먼저 인식할 필요가 있다.

그렇다면 정보와 지식은 어떻게 다를까? 1년 전의 신문을 읽어보자. 그중에 도움이 되지 않는 기사는 정보이고, 도움이 되는 기사는 지식이다. 정보는 지금이 제철이고, 시간이 흐르면 가치가 떨어진다. 1년만 지나도 정보의 상당수는 가치가 없어진다. 반면에 지식은 몇 년 단위가 지나도 정보만큼 가치가 떨어지지 않는다. 일종의 보편적인 가치를 지닌다.

정보는 시간과 함께 가치를 잃는다. 즉 미래를 위해 축적할 수 없으므로 대량으로 정보를 모아도 대부분 활용할 수 없어 소용이 없어진다. 정보는 냉동할 수 없는 신선식품 같아서 유통기한이 매우 짧다. 지금 먹지 않으면 버리는 수밖에 없다.

정보를 수집하는 2대8 공부법

인풋의 알맹이인 정보와 지식의 균형에 주의해야 한다면 어느 정도의 비율이 가장 최선일까? 내 경험상 2대8 정도라고 본다. 정보는 그만큼만 있으면 충분하다.

매일 쏟아지는 신문, 잡지, 인터넷에서 들어오는 인풋은 대부분이 정보다. 책에서 들어오는 인풋은 대부분이 지식이다. 한마디로 말해 인터넷과 독서의 비율이 2대8일 때 적당하다는 의미다. 하지만 평균적으로 사람들은 인터넷 8, 독서 2 정도이다. 심지어 인터넷의 비율이 더 큰 경우도 있다. 지금 당신이 인터넷을 보는 시간과 책을 읽는 시간을 뒤바꿔 지식을 늘리지 않으면 인풋한다고 해도 그 정보와 시간은 물거품이 될 것이다.

정보를 지나치게 모으지 않도록 하자. 지금 필요한 정보를 적절하게 모으는 일이 낭비 없는 인풋의 요령이다.

요령7 비언어적 인풋을 중시하라

예전에 누계 70만 부 베스트셀러 시리즈 《일본에서 가장 사랑받는 회사》의 저자이자, 호세이 대학 대학원 교수인 사카모토 고지坂本光司 선생의 강연을 들은 적이 있다. 사원과 그 가족, 고객을 소중히 하는 사랑의 경영을 실천한 회사가 사람들에게 사랑받고, 세상에 도움을 주는 내용이었다. 직원을 위해 전력을 다하는 경영자의 생생한 에피소드에 감동의 눈물이 차오를 정도였다.

물론 사카모토 선생의 저서를 이미 읽었고, 사랑의 경영이라는 콘셉트도 알고 있었다. 이날의 강연에는 예전 저서에 게재된 이야기도 포함되어 있었다. 그러나 책으로 읽는 것과 실제로 듣는 것은 전달되는 방식이 완전히 다르다. 열 배 정도 깊이가 있고, 열 배 정도 감동적이었다. 한 시간의 강연이었지만, 책으로 전해지지 않는 사카모토 선생의 열정과 생각과 애정이 뜨겁게 느껴졌다.

나도 '가바사와 심리학 연구소'라는 회사를 경영하는 경영자다. 그래서 자사의 이익만을 추구하는 경영이 아니라 '사회에 공헌하는 사랑의 경영을 해야 한다!'라고 마음속으로 강하게 다짐했다.

사람들은 책을 읽으면 다 알았다고 생각하기 쉽다. 하지만 그때 들어오는 인풋은 극히 일부분이다. 실제로 이야기를 들어야 전해지는 부분이 분명히 존재한다.

책으로는 받을 수 없는 배움

"아니, 나는 책을 제대로 읽고 있으니까 실제로 만나지 않아도 괜찮아요."

이렇게 말하는 사람도 있을 것이다. 그러나 아무리 책을 열심히 읽어도 비언어적 메시지를 책으로 받아들이기는 어렵다.

인간의 커뮤니케이션에는 언어적 커뮤니케이션과 비언어적 커뮤니케이션 두 가지가 있다. 언어적 커뮤니케이션은 언어, 말의 의미와 내용으로 전달되는 부분이다. 반면에 상대의 표정, 시선, 어조, 복장, 자세, 동작, 제스처, 분위기, 아우라 등 언어적 요소 이외의 모든 요소가 비언어적 커뮤니케이션이 된다.

언어적 메시지는 서면, 메일, 메시지, 서류, 서적을 통해 전달하지만, 이런 방법으로 비언어적 메시지는 전달할 수 없다. 메일이나 메시지로 내용을 전달하다 보면 엇갈리거나 오해가 생기기 쉬운 이유는 비언어적 메시지가 전해지지 않기 때문이다.

비언어적 메시지는 직접 만나야 전달된다. 직접 만나면 처음 1분, 아니 10초만으로도 '아, 이런 사람이었구나!'라고 순식간에 이해할 수도 있다.

말로 표현할 수 없는, 말을 뛰어넘은 비언어적 메시지를 받아들이는 일은 강연과 세미나처럼 실제로 이야기를 듣는 데에서 얻는 묘미다. 열정, 생각, 애정이라는 비언어적 메시지가 전달되면 우리는 이야기를 듣고 감동한다.

인간의 뇌는 희로애락이 자극되어 감정이 움직이는 만큼 기억력이 증강하는 효과가 있다. 누군가의 이야기를 듣고 감동하면 도파민이나 아드레날린 등 기억력을 증강하는 뇌 속의 물질이 분비되어 기억이 선명해진다. 감동이 따르는 체험은 동기 부여를 강화해 행동으로 옮기는 데에 도움을 준다. 그러면 자기 성장으로 연결되고, 공부 효율도 높일 수 있다.

최근에는 인터넷상의 동영상으로 세미나와 강연을 수강할 기회가 늘어나고 있다. 동영상은 어느 정도 비언어적 메시지가 전해지지만, 역시 실제로 대면하는 것과 비교하면 한정적이라고 할 수 있다.

다른 사람의 이야기는 가능한 한 실제로 듣자. 비언어적인 메시지를 받아들이는 일은 커다란 배움이다. 그런 비언어적 공부법을 실천하면 당신의 성장에 불이 붙을 것이다.

3단계 진짜 공부가 되는 아웃풋

공부의 본질인 아웃풋의 5가지 요령

이 책의 공부법을 한마디로 말하자면 '아웃풋 공부법'이라고 할 수 있다. 인풋은 대체로 모든 사람이 하고 있다. 그러나 인풋만으로는 공부 효과가 나오지 않는다. 아웃풋이야말로 기억하기 위한, 성적을 올리기 위한, 그리고 자기 성장하기 위한 가장 중요한 열쇠다. 아웃풋이 바로 공부의 본질이므로 아웃풋 중심으로 공부하자. 이것이 이 책에서 내가 가장 전달하고 싶은 말이다.

그런데 애초에 아웃풋이란 무엇일까? 아웃풋을 하려면 구체적으로 무엇을 해야 할까? 그 점에 대해 자세히 살펴보도록 하겠다.

아웃풋이란 뇌에 들어온 정보를 뇌 속에서 처리해 바깥으로 출력하는 일이다. 구체적으로 말하자면 말하기, 쓰기, 그리고 행동이다. 책을 읽고(인풋), 그 감상을 친구, 동료, 가족에게 이야기하면 아웃풋이다. 책의 감상을 SNS에 게시하는 일도 아웃풋이다.

교과서를 읽고(인풋), 다음으로 문제집을 푼다. 문제집을 푸는 일은 답을 종이에 쓰는 행위이므로 아웃풋이다. 시험을 보는 것도 답안지에 답을 쓰므로 아웃풋이다. 교과서를 읽고 이해한 내용을 친구에게 설명하거나 가르쳐 주는 것도 말로 설명하므로 아웃풋이다.

독서 모임을 주최해서 의견을 나누는 일, 강사로서 다른 사람을 가르치는 일, 책을 출간하는 일도 중요한 아웃풋이지만, 간단히 할 수 있는 일은 아니다. 자신의 한계를 뛰어넘기 위한 고차원의 아웃풋은 이 책에서 '슈퍼 아웃풋'으로 분류했다. 슈퍼 아웃풋에 관해서는 제6장에서 자세히 다루겠다.

이번 장에서는 매일 실행하고 매일 습관적으로 해야 할 말하기, 쓰기 같은 일상 속의 간단한 아웃풋 방법을 살펴보고, 그 요령을 전달하고자 한다.

아웃풋은 운동 신경을 사용해 근육을 움직이는 일이다. 손의 근육을 움직여 쓰기, 입과 목 주변의 근육을 사용해서 말하기, 전부 근육을 사용하는 일이다. 몸을 움직여 기억하는 기억은 '운동성 기억'이라고 하는데, 운동성 기억은 한 번 기억하면 그 뒤로 잘 잊지 않는다는 특징이 있다.

3년 만에 자전거를 타도 자전거를 타는 방법은 머릿속에 남아 있다. 마찬가지로 피아노를 치는 일, 보지 않고 자판을 치는 일처럼 반사적인, 말하자면 몸으로 기억하는 운동 기능은 운동성 기억으로 기억된다.

《도해 대학 수험의 신이 가르쳐주는 기억법 대전 図解 大学受験の 神様が教える 記憶法大全》에는 "근육과 힘줄을 움직이면 그 운동은 소뇌를 거쳐 기억의 중추·해마에 전달되어 대뇌 연합영역에 축적된다. 운동성 기억은 이렇게 많은 신경세포가 작용해서 뇌에 쉽게 남는 구조가 된다"라는 내용이 등장한다.

있는 그대로 암기하는 것은 의미 기억을 사용해서 기억하는데, 의미 기억은 쉽게 잊는 성질이 있다. 그래서 써서 기억하고, 목소리로 내서 기억하기만 해도 운동성 기억으로 기억할 수 있다.

글자를 쓸 때 일일이 머리로 생각하지 않아도 손이 제멋대로 움직이는 경우가 있다. 머리가 기억한다고 하기보다 몸이 기억하는 감각은 운동성 기억에 따른 것이다.

게다가 쓰기와 말하기 중에 쓰기가 기억하는 데 더 도움이 된다고 한다. 손으로 쓰면 뇌간의 망상 활성계_{reticular activating system}가 자극된다. 망상 활성계는 주의와 각성을 조절하는 주의의 사령탑이다. 망상 활성계는 우리가 처리하는 방대한 정보 중에서 적극적으로 주의를 기울여야 하는 것과 그렇지 않은 것을 구별하는 필터 기능을 한다.

쓰는 행위는 망상 활성계를 자극해서 "이건 중요한 자극이니까 주의해!"라는 지령을 뇌 전체에 도달하게 한다. 쓰기는 이렇게 뇌에 자극을 주어 공부 효과를 높인다.

공부 성과를 내고 싶다면 부지런히 쓰고, 또 쓰자. 쓰면서 그 내용을 소리 내어 읽으면 효과는 배가 될 것이다.

일주일 동안 볼펜 한 자루를 다 쓰기

사람이 볼펜 한 자루를 소비하는 데 얼마나 걸리는지 생각해보자. 몇 개월이 걸리는 사람은 안타깝게도 공부가 몹시 부족한 상태다.

나는 예전에 위스키 검정 시험을 치를 때 2주 동안 볼펜 4자루를 소비했다. 고등학생 시절을 떠올려보면 정기 시험 전 필사적으로 공부하던 시기에는 채 일주일도 안 되어 볼펜 한 자루가 닳는 일이 예사였다.

어쨌든 쓰고 또 쓰자. 쓰기가 바로 공부다. 쓰고 또 쓰는 공부법이라고 해도 좋다. 이 방법을 사용하면 공부가 순조롭게 진행된다. 그렇다면 어느 정도로 써야 할까? 기준을 하나 제시하자면 일주일 동안 볼펜 한 자루가 닳는 정도의 분량을 생각해보자.

타이핑과 기억의 관계

쓰기로 공부 효율을 올릴 수 있다면 디지털 기기에 입력하는 일도 같은 효과가 있는지 궁금해진다. 프린스턴 대학과 캘리포니아 대학 로스앤젤레스 캠퍼스의 공동 연구에 따르면 수기로 메모하는 학생과 컴퓨터로 메모하는 학생을 비교한 결과, 수기로 메모한 학생이 좋은 성적을 거둔다는 사실이 밝혀졌다.

노르웨이의 스타방에르 대학과 프랑스의 마르세유 대학의 공동 연구에서도 수기가 타이핑보다 기억에 쉽게 남는다는 연구 결과가 나왔다. 피험자를 손으로 필기하는 군과 타이핑하는 군으로 나눠 알파벳 20자의 문자열을 암기하게 했다. 3주 후, 6주 후 얼마나 기억하고 있는지 테스트한 결과 손으로 쓴 쪽이 성적이 좋았다고 한다. 또한 손으로 쓸 때와 타이핑하고 있을 때의 뇌를 비교했더니 손으로 쓸 때만 언어 처리에 관여하는 브로카 영역Broca's area이 활성화된다는 사실도 밝혀졌다.

이런 결과를 통해 수기로 하는 것이 컴퓨터로 타이핑하는 것보다 기억에 잘 남고, 공부 효율도 높다고 할 수 있다.

단어장의 효과를 두 배로 끌어올리는 방법

단어장은 자신이 기억하는지 못하는지 간단히 확인할 수 있어 아웃풋 공부법의 강력한 무기가 되지만, 잘못 사용하면 효과가 반감된다.

지하철 안에서 단어장으로 공부하는 학생을 가끔 보는데, 대부분 말없이 보고만 있다. '사과'라는 단어 카드를 보고 'apple'이라는 단어를 머릿속에 떠올리는 식이다. 혹은 'apple'이라는 단어 카드를 보고 '사과'라는 말을 떠올린다. 이런 학습을 30분 정도 하면 공부를 많이 했다는 기분이 들겠지만, 이것은 아웃풋이 될 수 없다. 몸을 움직이지 않아서 운동 세포를 사용하지 않기 때문이다.

머릿속으로 상기하는 방식은 떠올린 내용을 직접 쓰기보다 학습 효과가 매우 낮다. 다소 효과는 있을 테지만 별로 효율적인 공부법이라고 할 수 없다. 교과서에 암기용 체크 펜을 그어 문자를 가린 뒤 그 공백을 떠올리며 복습하는 공부법도 마찬가지다. 학생들이 평소에 하는 공부법이지만, 매우 비효율적이다. 실제로 단어장이나 체크 펜으로 공부했을 때는 떠올랐던 것이 막상 시험을 볼 때는 떠오르지 않는 경험을 하게 된다.

그렇지만 지하철 안에서 입 밖으로 소리 내어 공부하면 주변 사람에게 민폐를 끼치고, 이상한 사람처럼 보일 수도 있다. 그럴 때 할 만한 학습법이 바로 그림자 쓰기다. 사과라는 단어 카드를 봤을 때 'apple'이라는 철자를 손가락으로 공중에 쓰는 것이다. 실제로 손을 움직이고 있으므로 철자를 올바르게 썼는지 아닌지 확연히 알 수 있다. 운동 신경을 사용하고 있으므로 아웃풋에 따른 기억 증강 효과도 확실히 얻을 수 있다.

같은 시간, 단어장으로 암기를 확인하는 공부를 할 때도 떠올리기만 하기보다 손가락과 손을 움직이는 그림자 쓰기가 기억에도 잘 정착되고, 공부 효과도 높아진다.

공부는 몸을 움직이는 일이라고 생각하자. 머릿속에 떠올리는 공부 자체가 무의미하다고 할 순 없지만, 매우 비효율적이며 시간을 낭비하게 된다.

요령 2 일주일에 최소 3번 아웃풋하라

아웃풋의 의미는 깨달음을 얻어 그것을 행동으로 옮기고 습관화해서 자기 성장하는 데 있다. 그렇지만 인풋한 내용을 거의 잊게 되면 행동으로도 습관으로도 이어지지 않는다. 일단은 인풋한 내용을 기억에 남겨 잊지 않는 것이 중요하다. 인풋한 정보를 잊지 않으려면 일주일 동안 세 번 아웃풋해야 한다.

뇌에는 해마라는 기관이 있다. 해마에는 정보가 임시 보관된다. 뇌에 입력된 정보는 전부 해마에 1~2주 정도 보존된다. 그 사이에 두세 번 사용된 정보는 중요한 정보라고 판단되어 기억의 영구 보관 장소인 측두엽으로 이동된다. 그러므로 무언가를 공부하면서 기억에 남기고 싶다면 일주일에 세 번 아웃풋하면 된다. 구체적으로 말하자면 말하기, 쓰기, 가르치기 같은 아웃풋이 효과적이다.

복습하는 타이밍은 첫 번째 1일 후, 두 번째 3일 후, 세 번째 7일 후라는 식으로 맨 처음은 빠르게 복습하고, 이후로는 서서히 시간차를 두는 식으로 하자.

요령3 적극적으로 테스트하라

아웃풋은 쓰기와 말하기라고 설명했지만, 시험을 보는 일도 상당한 아웃풋 효과가 있다는 것이 다수의 실험을 통해 알려져 있다. 정규 시험 전에 테스트를 많이 할수록 기억이 제대로 자리를 잡는다. 테스트하는 만큼 기억이 정착하기 쉬워지는 일을 '테스트 효과'라고 한다.

테스트라고 하면 조금 과장일 수도 있는데, 스스로 문제집이나 연습문제를 푸는 것도 일종의 자가 테스트, 자기 점검이며 같은 효과를 발휘한다. 혹은 단어장에서 단어를 하나씩 외웠는지 확인하는 일도 자가 테스트다.

다만 교과서를 읽는 인풋형 공부는 기억에 남는 효과가 매우 약하다. 테스트, 문제집, 단어장 등을 활용한 아웃풋형 공부가 압도적으로 머릿속에 잘 남는다. 즉 인풋형 공부에서 아웃풋형 공부로 전환하면 공부 효과가 부쩍 오를 것이다.

궁극의 자가 테스트

교과서에서 중요 사항을 정리해 정리 노트를 만드는 사람이 많다. 그때 내 비장의 무기는 통째로 재생하는 공부법이다. 즉 정리 노트의 페이지를 통째로 암기한 뒤에 아무것도 보지 않고 그대로 떠올리면서 백지에 써 내려가는 것이다.

상당히 어려운 방법이지만, 자신이 외우지 못한 부분을 확실히 알 수 있다. 아무것도 보지 않고 실마리도 없이 재생하므로 쓴 부분만큼은 완전히 기억하는 셈이다. 쓰지 못한 부분은 암기하지 못한 것이므로 그 부분을 다시 중점적으로 기억하면 된다.

통째로 재생하는 공부법은 생각보다 어렵다. 하지만 정리 노트를 완벽하게 재생하게 되면 틀림없이 시험에서 고득점을 얻을 수 있다.

실수는 절호의 기회

테스트를 하면 안 좋은 점수가 나와서 실망하기 때문에 하기 싫어하는 사람도 있다. 하지만 뇌과학적으로는 오히려 반대다. 테스트에서 나쁜 점수가 나오면 기뻐해야 한다. 뇌는 정답을 맞힌 문제보다도 오답을 낸 문제를 강렬히 기억하기 때문이다. 틀린 문제라도 스스로 답과 풀이법을 필사적으로 생각했을 것이다. 올바른 답을 추측하고 생성하려고 하는 연습을 '생성 연습'이라고 하는데, 생성 연습을 하면 할수록 기억에 선명히 남는다.

쉽게 말해 많이 고민한 문제일수록 기억에 잘 남는다는 이야기다. 그래서 테스트 직후에 답을 맞혀보면서 피드백을 해야 한다. 왜 틀렸는지 그 이유와 올바른 답을 확인한다. 이는 테스트 직후에 확인하는 것이 가장 효과적이다.

테스트 문제에서 오답을 냈다면 그것은 기억할 절호의 기회다. 다만 피드백하지 않으면 오답이 수정되지 않아서 전혀 의미가 없으니 피드백하는 것을 잊지 말자.

공부가 부족할수록 모의시험이 필수

"다음 주에 모의시험 볼 거야?"

"아직 준비가 부족해서 이번에는 넘길래."

수험생 사이에서 흔히 볼 수 있는 대화다. 하지만 공부법을 생각할 때는 매우 안타까운 대화이기도 하다. 모의시험은 준비가 부족하기 때문에 보는 것이다. 테스트에는 실력을 판정하고, 능력을 시험해본다는 측면이 있지만, 그 이상으로 아웃풋 효과, 즉 기억에 남는 효과가 크다. 시험에 나온 부분은 더 잘 기억되며, 특히 틀린 부분은 더욱 강렬하게 머릿속에 남는다.

모의시험의 결과는 신경 쓸 필요가 없다. 모의시험을 많이 보면 아웃풋 효과가 있어서 본시험에서 확실히 더 좋은 점수를 받을 수 있다.

"다음 주에 모의시험 볼 거야?"

"전혀 준비가 안 되어 있으니까 볼 거야."

이것이 올바른 아웃풋 공부법이다.

각종 자격시험, 검정 시험 등을 앞두고 모의시험이 있다면, 그런 정식 시험 전의 테스트 기회에는 적극적으로 도전해야 한다.

깨달음은 즉시 기록하라

어른의 공부법에는 깨달음을 얻는 일이 중요하다고 앞서 설명했다. 타인의 이야기를 듣거나 책을 한창 읽고 있을 때 훌륭한 깨달음을 얻는 일이 있다. 그 순간 '엇! 이런 게 있었나!'라고 놀라면서 감동까지 솟아오른다. 그러나 1시간만 지나면 완전히 잊어버린다. 아니, 1시간도 가지 않을 것이다. 5분이나 10분만 지나도 잊는 것이 깨달음의 특징이다.

깨달음을 뇌과학적으로 말하자면 단순히 신경세포의 발화다. 꿈과 비슷한 것이다. 꿈도 신경세포의 발화다. 아주 즐거운 꿈을 꾸고, 아침에 행복한 기분으로 눈을 뜬 적이 있을 것이다. '와, 즐거운 꿈이었어'라고 생각하며 일어났는데, 10분만 지나도 꿈 내용이 떠오르지 않을 때가 있다. 그토록 즐거운 꿈을 꿨는데 떠오르지 않다니 아쉬운 마음이 든다.

신경세포의 발화는 머릿속에서 불꽃이 터지는 것과 같다. 사람의 마음을 움직이는 아름다운 불꽃이지만, 한순간에 사라진다. 따라서 불꽃이 터진 순간에 카메라의 셔터를 눌러야 아름다움을 영구적으로 보관할 수 있다.

깨달음도 마찬가지다. 깨달은 순간에는 대단하다고 생각해도 몇 분 만에 희미해져서 10분만 지나도 기억이 잘 안 난다. 그러면 아쉬운 마음이 들지 않겠는가?

그렇게 되지 않도록 깨달음이 떠오른 순간에 즉시 메모해야 한다. 불꽃이 터질 때 바로 셔터를 눌러 사진을 찍듯이 머릿속에서 불꽃이 번뜩이면 메모하는 방법이다.

머릿속에 반짝 떠오른 아이디어를 외부로 출력해 문자로 기록한다. 메모는 손을 움직여 문자를 쓰는 일이므로 이 또한 아웃풋의 일종이다.

메모로 아웃풋하는 법

메모 이야기를 하면 "어디에 메모하면 좋을까요?"라는 질문이 나온다. 깨달음을 얻은 뒤 30초 이내에 메모할 수 있다면 어디든 상관없다. 많은 사람이 스마트폰을 가지고 있으므로 스마트폰을 이용해 메모해도 된다. 수첩을 가지고 다니는 사람은 수첩에 직접 메모하는 것도 좋은 방법이다.

나는 업무 중에 항상 노트북을 펼쳐 놓고 '포스트잇'이라는 무료 소프트웨어를 사용한다. 컴퓨터 위에 항상 포스트잇을 붙여 두는 셈이다. 업무 중에 뭔가를 깨닫거나 번뜩이는 아이디어가 있는 경우 클릭 한 번으로 작업 중인 윈도 창을 닫고 컴퓨터의 포스트잇에 바로 적어 넣을 수 있다.

1초 만에 화면을 닫고, 다음 순간에는 이미 깨달음을 기록하고 있다. 15초만 있으면 깨달음을 기록해 놓고 하고 있던 작업으로 돌아갈 수 있어 편리하다.

기억에 남긴다는 의미에서는 손으로 쓰는 편이 유리하지만, 가방에서 수첩을 꺼내는 사이 30초가 지나간다. 잊어버려서 아무것도 남기지 못할 정도라면 일단 메모하기까지의 시간을 우선해야 한다.

매일 메모하는 깨달음 중에 특히 중요한 사항을 X나 페이스북 등의 SNS에 다시 수정해서 올린다. SNS에 올리면 사실상 영구 보존이 가능하다. 일주일 동안 같은 정보를 세 번 이상 접하면 그 정보가 머릿속에 깊이 새겨진다. 포스트잇에 메모하고, SNS에 올리고, SNS의 댓글에 답을 하면 세 번이 된다. 본래라면 한순간에 잊어버릴 깨달음이 사소한 메모 작업을 통해 뇌에서 장기 보존 영역으로 옮겨지는 것이다.

요령 5 노트 필기법으로 모든 것이 정해진다

공부법을 말하자면, 노트를 활용하는 방식이 매우 중요하다. 강연, 강의, 세미나를 수강할 때 노트에 필기하는 사람이 많다. 강사가 말하는 내용을 지나치게 상세히 적지 말고, 배움에 지나치게 욕심을 부리지 않는 편이 좋다는 이야기를 앞에서 언급했다. 그러면 필기는 얼마나 자세히 해야 할까? 내 필기법의 핵심을 전달하겠다.

개요서에는 메모하지 않기

세미나에 참석하면 배포 자료나 개요를 담은 종이에 메모하는 사람이 있는데, 의미가 없으니 하지 않는 편이 낫다. 나중에 다시 볼 수 없기 때문이다. 개요서에 메모하면 나중에 복습할 때 그것을 꺼내지 않는 한 살펴볼 수가 없다. 몇 달이 지나 세미나를 복습하고 싶어도 제대로 정리되어 있지 않으면 그 배포 자료가 어디 있는지 몰라 곤란한 경우도 많다. 따라서 여러 번 복습하기도 곤란해진다.

깨달음은 한 권의 노트에 정리하기

나는 강연이나 세미나를 수강했을 때의 기록, 혹은 업무 협의 기록, 책과 영화의 감상까지 모든 것을 한 권의 노트에 적는다. 노트를 펼칠 때마다 전 회, 전전 회의 기록을 훑어볼 수 있도록 한다. 그러면 노트에 필기한 내용을 일주일에 3회 이상 확실히 복습할 수 있다.

컴퓨터로 필기하는 사람도 있지만, 타이핑과 수기 중에 수기가 훨씬 기억에 잘 남는다. 그리고 컴퓨터 내의 디지털 데이터로 저장하면 복습하기 어려워서 나는 오로지 노트에 수기로 기록하고 있다.

빠짐없이 필기하지 않기

노트에 내용을 빠짐없이 필기하는 사람은 필기하는 일에 집중해 강사의 이야기를 듣는 데에 소홀해진다. 어른의 공부법에는 깨달음이 중요하므로 이미 알고 있는 사항은 노트에 기록할 필요가 없다.

필기법의 핵심은 중요한 포인트, 새롭게 학습한 것, 그리고 깨달은 바를 요령 있고 간단명료하게 정리해 쓰는 일이다. 짧으면 짧을수록 복습하기도 쉽고, 기억에도 또렷이 남는다.

양쪽 두 페이지에 정리하기

나는 A4 사이즈의 노트를 사용하는데, 그렇게 하면 두세 시간의 세미나 내용을 양쪽 두 페이지에 딱 맞춰 정리할 수 있다. 이 양쪽 두 페이지라는 점이 매우 중요하다. 페이지를 넘기지 않아도 세미나의 전체 모습을 단박에 파악(복습)할 수 있기 때문이다. 만약 다음 페이지로 넘어갈 정도의 분량이 되면 보자마자 전체적으로 파악할 수 없다.

종종 손바닥만 한 노트를 사용하는 사람을 본다. 그렇게 하면 1회의 세미나 내용이 10페이지에 달한다. 일람하기에 나쁘면 복습의 효율이 떨어지므로 머릿속에 잘 들어오지 않는다. 필기는 세미나 내용을 전체적으로 본다는 점이 매우 중요하다. 양쪽 두 페이지에 정리하면 두세 시간의 세미나도 10초 만에 복습할 수 있다.

깨달은 바와 할 일 목록을 3가지씩 쓰기

세미나 노트에 무엇을 써야 할까? 세미나에서 깨달은 바를 세 가지 쓴다. 그리고 그 깨달음에 대응하는 할 일 목록To Do List을 세 가지 쓴다. 예를 들어 '기상 후 2시간은 뇌의 골든타임으로 가장 집중력이 높은 시간대'라는 깨달음을 얻었다면 그것을 자신의 생활에 받아들여 행동으로 연결하는 일이 할 일 목록이 된다. 구체적으로 '아침에 한 시간 빨리 일어나서 카페에서 공부한다'라는 식이다. 깨달음을 행동에 적용하는 방식을 궁리하는 실행 계획, 행동 목표라고 해도 좋을 것이다.

깨달음만으로는 뇌 속의 지각과 인지가 변화할 뿐 외부 세계에 아무런 변화가 일어나지 않는다. 즉 깨달음만으로는 아웃풋이 되지 않는다. 100개의 깨달음을 얻어도 현실은 변함이 없는 것이다. 할 일 목록은 깨달음을 행동으로, 사고의 변화를 현실의 변화로 바꿔주는 도구다.

자기만의 노트와 펜을 사용하기

노트에 필기할 때는 자신이 가장 쓰기 편리한 노트를 사용하는 일이 중요하다. 그러기 위해 먼저 큰 문구점에 가서 실제로 노트를 만져보고 종이 품질 등을 확인하면서 마음에 드는 노트를 찾아보자. 그리고 실제로 사서 사용해본다. 노트를 몇 종류 사용해보고 시행착오를 겪어 본다. 가장 마음에 드는 노트를 발견하면 이후로는 그 노트만 사용하면 된다.

쓰기 편한 필기도구와 함께 사용하는 것도 좋다. 그러면 노트에 쓱쓱 쓰는 일 자체에서 쾌감이 느껴지므로 노트 필기가 매우 즐거워진다.

제자리걸음하지 않는 피드백의 4가지 요령

인풋도 하고 있고, 아웃풋도 하고 있지만, 자기 성장을 실감하지 못하는 사람도 있다. 인풋을 하고 아웃풋을 한다. 그리고 다시 인풋을 하고 아웃풋을 한다. 이를 반복하다 보면 폭발적으로 자기 성장이 이루어지는 것이 나선형 성장 법칙인데, 사실 아웃풋과 그다음 인풋 사이에 중요한 일을 해야 한다. 바로 피드백이다.

피드백이란 아웃풋으로 얻은 결과를 평가하고 고려해서 다음 인풋을 수정하는 작업이다. 피드백이 없으면 다람쥐 쳇바퀴를 돌듯 제자리에서 벗어나지 못한다. 이제 피드백의 요령을 알아보자.

요령1 장점은 기르고 단점은 극복하라

가령 교과서를 읽고(인풋), 문제집을 풀었다(아웃풋)고 하자. 문제집을 풀면 틀리는 문제가 나오고, 그 항목을 충분히 이해하지 못했다는 사실을 알 수 있다. 그러면 다시 한번 교과서로 돌아가 틀린 항목과 관련된 부분을 읽는다. 이것이 단점을 극복하는 피드백이다. 피드백을 확실히 하면 자신의 단점과 약점이 점차 줄어든다.

이 작업을 건너뛰고 문제집의 다음 페이지로 나아가면 이해하지 못한 부분이 그대로 방치되어 시험에서 같은 문제가 나와도 틀리게 된다. 결국 피드백을 통해 약점을 보강하지 않으면 문제집을 푸는 의미가 없다는 말이다.

긍정 심리학 책을 한 권 읽고 '긍정 심리학은 참 재밌네. 다른 사람이 쓴 관련 책도 읽어볼까?'라는 것도 피드백이다.

피드백은 단점을 극복하고, 장점을 기른다는 2개의 축이 있다. 자신의 흥미와 관심에 깊이를 더하기 위해 '같은 계통의 책을 좀 더 읽자' '같은 저자의 책을 더 보자'라는 것은 장점을 기르는 피드백이다.

피드백이 없으면 아무리 인풋을 하고 아웃풋을 해도 헛수고
가 될 수 있다. 나선형으로 위를 향해 자기 성장을 하는 것이 아
니라 원형처럼 같은 부분만 끝없이 돌게 되어 자기 성장의 기대
감이 무너진 채로 끝난다.

범위를 넓히고 깊이를 더하라

한 사람이 전부터 가고 싶었던 놀이동산에 처음 방문했다.
"드디어 왔다!"라며 게이트를 통과해 기념사진을 한 장 찍었다.
그 사람은 그대로 집에 돌아갔다.

만약 이런 사람이 있다면 어떻게 생각하는가? 놀이기구도 타
지 않고 그냥 집에 가는 것은 하나도 즐기지 않은 것과 같다. 그
런데 사람들은 이렇게 입장만 하고 집에 돌아가는 공부를 하고
있다.

무려 100만 부가 팔리며 베스트셀러가 된《미움받을 용기》를
읽은 적이 있는가? 만약 읽었다면 다음 질문에 답해보자.

"아들러 심리학이란 어떤 심리학입니까? 30초 안에 설명해보
세요."

어떤가? 대답할 수 있는가? 나는 이 질문을 지금까지 몇십 명
의 사람에게 했지만 제대로 대답한 사람은 한 명도 없었다.

다른 사람한테 설명하지 못한다는 것은 이해하지 못했다는
증거다. 자신은 알았다고 생각해도 사실은 전혀 모르는 것이다.

내용이 기억에 남아 있지 않으므로 설명하지 못한다. 한마디로 책을 읽은 의미가 없다. 자기 성장에 도움이 되지도 않고, 자기만족으로 끝난 헛된 독서일 뿐이다.

하나 더 질문하겠다.《미움받을 용기》이외에 아들러 심리학에 관련된 다른 책을 읽었는가? 아들러 심리학 책을 다수 읽은 사람은 앞서 한 "아들러 심리학이란 어떤 심리학입니까?"라는 질문에 답했을 것이다.

《미움받을 용기》는 아들러 심리학의 입문서다. 입문이란 문에 들어간다는 뜻으로, 매우 좋은 말이다. 다만 정확히 말해 문에 들어갔을 뿐이다.《미움받을 용기》를 한 권 읽은 것은 아들러 심리학이라는 놀이동산의 문을 통과한 것에 불과하다. 그곳에서 더 안으로 들어가 아들러 심리학의 관련 서적을 읽거나, 관련 강연과 세미나를 수강하여 아들러 심리학의 지식을 확장해야 한다. 이것이 놀이동산에 들어가서 놀이기구를 즐기는 일이다.

《미움받을 용기》를 읽기만 하고 덮어놓은 사람은 피드백이 없었다고 말할 수 있다. 그러면 무엇을 해야 피드백이 될까? 바로 '아들러의 사고방식은 흥미롭지만, 실천할 수준으로 이해할 수 없으니 다른 입문서를 한 권 더 읽어보자'라고 인풋과 그것을 통해 얻는 아웃풋(감상, 깨달음)을 토대로 다음에 어떤 실행을 하는 것이다.

정보와 지식을 확장하고, 더욱 깊이를 더한다는 축을 의식하면 피드백이 쉬워진다. 다음으로 확장하는 피드백에 관한 구체적인 사례를 몇 가지 설명하겠다.

의문에 주목하면 다음 한 걸음이 보인다

책을 읽으면 의문이 생긴다. 그 의문을 해결하고 싶은 마음이 다음 한 걸음으로 이어진다. 《미움받을 용기》를 읽고 난 뒤에 아들러 심리학을 육아에 적용한 책이 궁금해질 수도 있고, 아들러 심리학을 직장 생활에 적용한 책을 읽어보고 싶어질 수도 있다. 그러면 다음 한 걸음으로 관련 서적을 찾아 읽어보면 된다.

책을 읽으면 더 깊이, 더 구체적으로 알고 싶어지고, 실천할 방법을 찾고 싶으며, 스스로 하고 싶어진다. 의문, 호기심, 지적 욕구가 솟아오르는 것이다. 이를 에너지로 삼아 의문을 해결하는 방향으로 다음 한 걸음을 밟아나가면 당신의 인풋은 한층 발전할 수 있다.

내 안의 의문을 스스로 해결하기 위해 다음 한 걸음을 나아가는 길은 우리의 호기심과 지적 욕구를 채워주는 즐거운 과정이니 꼭 실천해보기 바란다.

뇌는 생생함을 좋아한다

나는 《미움받을 용기》를 읽고 '과거를 묻지 않는 심리학은 훌륭하다'라고 생각한 반면에 '아들러 심리학은 솔직히 어려워. 구체적으로 어떻게 실천해야 할지 모르겠는걸'이라고 느꼈다. 그리고 아들러 심리학 책을 몇 권 더 읽어봤지만, 표면적으로 이해하는 데 그쳤다. 아들러 심리학을 좀 더 깊이 알고 싶었던 내가 한 일은 무엇일까?

바로 생생한 이야기를 들어보려고 했다. 아들러 심리학의 강연이나 세미나에 참석해도 좋겠지만, 내 주변에도 아들러 심리학에 관심 있는 동료가 많아서 '아들러 심리학 강사를 초빙해 우리만을 위한 강연을 듣자'라고 의견이 모였다.

내가 읽은 아들러 심리학 책 중에 오구라 히로시小倉広가 해설한《인생에 지지 않을 용기》가 아들러 심리학을 가장 알기 쉽게 설명하고 있다고 느꼈다.

오구라 씨와는 몇 년 전 교류회에서 한 번 만나 면식이 있었다. 그래서 과감히 오구라 씨에게 강연을 의뢰했고, 흔쾌히 성사되었다. 내가 운영하는 '웹 심리 학원'의 게스트 강사로 단상에 올라 질의응답까지 포함해서 2시간 반, 아들러 심리학에 흠뻑 빠져드는 시간이었다.

이렇게 생생한 이야기를 듣는 것이 가장 바람직하다. 덕분에 아들러 심리학이 무엇인지 깊이 이해할 수 있었다. 저자에게 직접 이야기를 듣고 직접 질문한다. 깊이를 더하는 인풋으로 이것 이상의 공부법은 없을 것이다.

관심 있는 저자나 지식인의 강연 상황은 대개 블로그나 홈페이지에 자세히 나와 있다. 회사나 단체라면 공부 모임, 연수회 등의 자리에 강사로 초빙할 수도 있다. 연예인이 아닌 한 강연료는 그렇게까지 비싸지 않을 것이다.

저서, 강연, 세미나를 따라가라

《미움받을 용기》를 읽고 이 책의 저자이자 철학자인 기시미 이치로岸見一郎에게 흥미가 생겼다면 이 저자의 다른 저서도 궁금해질 것이다. 그러면 다른 저서《아들러 심리학을 읽는 밤》을 읽어보자. 아들러 심리학을 좀 더 일상적으로 활용하고 실천하고 싶다면《행복해질 용기》을 읽어본다. 저자가 강사를 맡은 강연회가 있다면 적극 참석해보는 것도 좋다.

자신이 대단하다고 여기는 저자와 강사의 책도 강연도 전부 따라가 보자. 더욱 심도 있는 인풋이 가능해질 것이다.

참고도서에 실린 책으로 연결하라

책을 읽으면 그 내용을 더욱 깊이 이해시켜 줄 다음 책을 읽어보자. 하지만 다음에 어떤 책을 골라야 좋을지 헤맬 수 있다. 그럴 때는 책의 마지막에 실린 참고도서가 도움이 된다.

작게 쓰여 있어서 별 관심을 두지 않았던 사람도 있을 테지만 참고도서는 숨은 보물창고와 같다. 저자가 "이 책을 참고했습니다!"라고 선언한 셈이기 때문이다. 읽은 책이 공부하는 데 도움이 되었다면 그 책에 실린 참고도서도 마찬가지일 것이다.

책뿐 아니라 세미나와 강연도 마찬가지다. 세미나와 강연에서 참고도서, 인용구로 등장하는 책은 필히 체크해 두자. 저자나 강사가 밝힌 참고도서는 인풋에 깊이를 더하고 싶은 사람에게 절호의 추천 리스트가 될 것이다.

다채로운 시점으로 배우는 공유 공부법

친구, 지인과 함께 강연이나 세미나에 참여했다면 끝난 뒤에 술잔을 기울이며 감상이나 깨달은 바를 공유해보자. 같은 이야기를 들었는데도 친구가 자신과 전혀 다른 감상을 말하거나 흥미롭게 들은 부분이 전혀 다른 경우도 있다. 스스로 생각지 못한 의외의 깨달음이 숨어 있는 것이다. 타인과 자신의 사고방식 차이에서 또 다른 배움을 얻을 수 있다.

감상과 깨달음을 공유하면 다채로운 시야와 의견을 파악할 수 있다. 깨달음의 깊이와 폭도 훨씬 넓어진다. 같은 이야기를 듣거나 같은 책을 읽은 사람과 의견을 나누고, 감상과 깨달음을 공유하는 일은 가장 간단히 할 수 있는 피드백 중 하나다.

요령 3 스스로 질문하고 답하라

당신이 어떤 공부를 했거나 어떤 책을 읽었을 때 '왜?' '어째서?' '정말 그런가?'라는 의문이 반드시 생길 것이다. 그런 의문을 스스로 조사해서 해결해보자. 의문을 해결하는 일도 중요한 피드백 방법의 하나다.

궁금한 부분을 인터넷에서 검색하거나 AI나 책을 통해 조사하거나 상사, 선배, 전문가, 멘토에게 물어보기 전에 꼭 해야 할 일이 있다. 그 의문을 자기 나름대로 곰곰이 생각해서 자신만의 답을 준비하는 일이다.

심사숙고하고, 시행착오를 겪는 일은 자기 성장의 원동력이 된다. 앞서 밝혔듯이 답과 해결법을 배우기 전에 자력으로 답을 생각하는 공부법을 '생성 연습'이라고 한다. 자기만의 답과 가설을 세우고, 노력을 거듭해 답을 맞혀본다. 그렇게 하면 혹시나 자신의 답이나 가설이 틀려도 요점과 관련성을 확실히 파악할 수 있어서 기억에 또렷이 남는다.

생성 연습은 학습 심리학 분야에서도 효과적인 공부법으로 추천되고 있다.

틀려도 바로 답을 보지 말아야 하는 이유

이리저리 머리를 굴려 문제를 풀고 답을 맞혀보면 '아, 이거였구나'라고 답이 머릿속에 강렬하게 새겨진다. 그러나 답을 모른다고 바로 해답지를 들춰 정답을 보게 되면 기억에 잘 남지 않는다.

답이나 풀이법을 배우기 전에 자력으로 시도해보는 생성 연습을 하면 할수록 기억에 생생하게 남는다. 올바른 답을 도출하려는 노력이 조금 어려운 환경을 만들어 내어 이해와 학습의 깊이를 더하고 기억을 강화한다. 따라서 모르는 문제에 직면했다면 바로 해답지부터 보지 말고, 스스로 철저히 답을 생각해보자. 그다음 답을 맞혀봐야 한다.

챗GPT 등의 AI는 우리의 질문에 순식간에 답을 내준다. 그러나 안이하게 AI에게 답을 받기만 하면 피드백 능력이 전혀 증가하지 않는다. 그리고 자기 성장도 기대하기 어렵다.

먼저 자신의 머리로 생각하고, 가설을 세운다. 그다음 AI의 답과 대조해보고, 자신의 가설을 수정한다. AI는 답을 가르쳐주는 툴이 아니라 자신의 사고력과 피드백 능력을 기르는 서포트 툴로 사용해야 한다.

인풋을 하다가 물음표가 떠올랐다면 그 이유를 스스로 철저히 생각해보자. 그 후에 답을 조사하고, 다른 사람에게 질문해서 해결한다. 이것이 최고의 피드백이며, 자기 성장으로 이어지는 지름길이다.

요령4 코치의 피드백을 받아라

성공은 90퍼센트 코치에게 달려 있다고 했다. 그렇다면 우수한 코치는 평범한 코치와 어떤 점이 다를까? 우수한 코치는 정밀하고 올바른 피드백을 할 수 있다.

뛰어난 피겨 스케이팅 코치는 점프에 실패했을 때 실패한 이유를 단번에 지적할 수 있다고 한다. 타이밍이 빨랐는지, 왼쪽 다리에 체중이 지나치게 실리지 않았는지, 비디오카메라 같은 정밀함으로 선수의 순간적인 움직임을 기억해서 좋지 않은 부분은 지적하고, 적절한 말로 전달할 수 있다. 선수는 실패의 원인을 순간적으로 이해하고 바로 그 점을 수정한다. 제대로 수정한다면 다음 점프는 성공할 것이다.

이것이 피드백의 힘이다. 자신의 약점, 단점, 제대로 못하는 이유가 코치의 피드백으로 명확해진다. 자신이 할 수 없는 부분을 파악할 수 있다면 그것만 연습하면 된다. 할 것인가, 하지 않을 것인가? 그 선택만 남는다.

코치의 기량이 낮거나 독학으로 하게 되면 왜 실패했는지, 왜 제대로 하지 못하는지 정확하게 파악할 수 없다. 한마디로 실패의 원인을 규명할 시간이 필요해진다. 우수한 코치와 함께하는 다른 선수는 바로 수정 연습에 들어가는데, 자신은 원인 규명조차 안 되기 때문에 차이는 점점 벌어진다. 이렇게 성공과 실패는 올바른 피드백을 받느냐 못 받느냐에 달려 있다.

제삼자의 시선이 필요할 때

이는 비즈니스에도 그대로 적용된다. 업무 중에는 제대로 되지 않는 일이 생기기 마련이다. 하지만 그 원인을 알 수 없다면 원인 규명에 오랜 시간이 들어서 그사이 업무 진행에 방해를 받는다.

회사의 경영에 문제가 생겨서 경영자가 원인을 필사적으로 찾아봤지만 시원하게 밝혀지지 않는 경우가 있다. 그런데 경영 컨설턴트에게 상담하니 단숨에 문제점을 지적해주는 사례가 있다. 당사자가 전체적인 상황을 객관적으로 파악하고 분석하기는 어렵다. 제삼자는 그 회사의 경영을 객관적으로 파악할 수 있어 문제의 원인을 명확히 지적할 수 있다.

어떤 일이 제대로 되지 않을 때는 코치, 컨설턴트, 상사, 선배 등 자신보다 지식과 경험치가 풍부한 사람의 피드백을 받아야 한다. 자신은 처음 직면하는 문제여도 전문가는 잘 알고 있는 패턴인 경우가 많다.

제삼자의 피드백 없이 완전히 독학으로 공부하면 초점이 어긋나는 공부법이 될 수도 있다. 더구나 본인은 잘못된 방향으로 가고 있다는 사실조차 모른다. 안타깝지만 이는 방대한 시간과 노력의 낭비다.

인풋과 아웃풋을 반복하면 나선 계단을 오르듯이 성장한다. 다만 그것은 적절한 피드백이 있고 나서의 이야기다. 아웃풋이 제대로 되지 않는 상태에서 전과 같이 인풋을 반복한들 결과는 달라질 수 없다. 적절한 피드백 없이는 언제까지나 제자리걸음일 뿐이다.

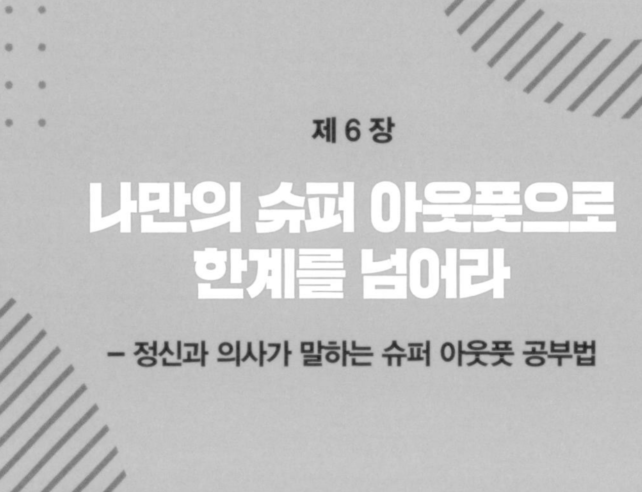

제 6 장

나만의 슈퍼 아웃풋으로
한계를 넘어라

– 정신과 의사가 말하는 슈퍼 아웃풋 공부법

최고의 노하우는
바로 슈퍼 아웃풋 공부법

인풋과 아웃풋을 반복하면 자기 성장을 한다. 이렇게 꾸준히 성장해 높은 수준까지 도달한다면 다음에는 무엇을 해야 할까? 이번 장에서는 그때 도전할 슈퍼 아웃풋 공부법을 알려주고자 한다.

앞 장까지는 공부를 통해 성장하고 싶은 모든 사람이 매일 실행하면 좋은 필수 공부법을 이야기했다. 이번 장의 슈퍼 아웃풋 공부법은 그 이상을 목표로 하는 사람을 위해 최상급 노하우를 다룰 것이다.

앞으로 나오는 내용은 수파리의 '리' 단계가 되므로 어느 정도 공부 단계가 진행된 사람에게 해당된다. 그러나 자신이 지금보다 더 성장하고 싶고, 자신을 둘러싼 껍데기를 깨고 싶다면 이

슈퍼 아웃풋 공부법에 도전해보기 바란다.

　평소 내가 일상적으로 다른 사람을 가르치고, 정보를 게시하고, 강사를 하고, 콘셉트를 체계화하고, 책을 쓰는 아웃풋의 궁극적인 형태를 이번 6장에 정리했다. 나에게 5장까지의 내용은 상식이며, 일종의 준비 운동과도 같다. 6장이야말로 슈퍼 아웃풋 공부법을 철저히 실천해 온 가바사와식 공부법의 참모습이라고 할 수 있다.

아웃풋은 내 인생

　내 인생을 한마디로 표현하자면 아웃풋 인생이라고 할 수 있다. 내가 처음 웹사이트를 만든 것은 1998년이었다. 영화 '스타 워즈Star Wars'를 연구하는 사이트였다. 이듬해 수프 카레 식도락 행적을 기록하는 사이트를 만들었는데, 그 사이트를 계기로 삿포로에서 수프 카레 유행이 일어나기도 했다.

　2004년에는 이메일 뉴스레터의 발행을 시작했고, 2006년부터는 거의 매일 발행했다. 구독자 수는 현재 12만 명이다. 2011년에 시작한 페이스북도 거의 매일 경신하며 팔로어 수는 현재 약 14만 명이다. X의 팔로어 수는 26만 명. 유튜브는 10년 이상 매일 경신했으며 구독자 수는 60만 명 이상이고, 현재 8,000편 이상의 동영상이 게시되어 있다.

　또한 강사와 저자를 목표로 하는 공부 커뮤니티 '웹 심리 학원'을 만들어 2009년부터 16년 동안 매월 빠짐없이 세미나를 개최했다. 그 이외에도 한 달에 몇 번 자사 세미나를 개최하고 있다. 집필 활동을 말하자면 작가로 데뷔한 2007년부터 해마다 2~3권씩 일정하게 출간 중이다.

한 미디어만 대규모로 오랫동안 운영하는 사람은 많지만, 이렇게 다양한 미디어를 운영하면서 이 정도의 구독자 수로 20년 이상 활동하는 일본인은 내가 아는 한 없다. 인터넷에 정보를 게시하는 분량, 세미나처럼 실제로 이루어지는 아웃풋 활동은 분명히 일본에서 최고 수준이라고 자부한다.

이런 이야기를 하면 "잠이 부족하지는 않으세요?"라는 질문을 받는데, 매일 8시간씩 숙면을 취하고 있다. 실제로 이메일 뉴스레터, 페이스북, 유튜브라는 세 가지 미디어를 업로드하는 데 매일 필요한 시간은 한 시간 남짓이다. 대량으로 인풋하고 대량으로 아웃풋해서 두뇌 회전과 작업 속도가 굉장히 빨라진 덕분이다.

단순한 아웃풋이 아니다. 자연스럽게 '슈퍼'라는 말이 붙는 '슈퍼 아웃풋 공부법'이다. 다른 어디에서도 읽을 수 없는 특별한 내용을 이제부터 알려드리고자 한다.

자기만의 방법으로
한계를 뛰어넘어라

Super
Output
Study
Method

서점에 가면 다이어트 책이 즐비하다. 다이어트 책만으로 한 코너가 꽉 찰 정도이며, 베스트셀러 진열대에 가면 반드시 한두 권의 다이어트 책이 포함되어 있다. 그런데도 이렇게 저렇게 방법을 바꾼 새로운 다이어트 책이 끊임없이 출간된다. 지금까지 몇백 권, 아니 족히 1,000권이 넘는 다이어트 책이 나왔을 것이다. 그렇다면 다이어트 방법은 무한히 존재하는 것일까?

대답은 '예스'다. 다이어트를 해본 사람은 알 것이다. 어떤 다이어트 방법에 착수해 봐도 한 가지 다이어트 방법만으로는 만족스러운 효과를 얻기 어렵다. 그래서 사람들은 여러 다이어트 책을 읽고 식사, 운동, 생활 습관 등을 조합해서 시행착오를 겪어 나간다.

결과적으로 자신의 생활 패턴에 맞는 자기만의 다이어트 방법을 발견했을 때 다이어트 효과는 충분히 발휘된다. 외식이 잦은 사람, 도저히 운동 시간을 낼 수 없는 사람, 여러 번 다이어트에 실패해 요요 체질이 된 사람 등 사람마다 상황, 배경, 체질 등의 조건이 다르다. 그런 가지각색의 사람들에게 단 한 가지 방법이 들어맞을 리가 없다.

몇 가지 방법을 자기만의 방식으로 변형하는 것이 가장 잘 맞고 효과가 좋은 다이어트 방법이다. 그렇게 자기만의 방식을 발견하는 것이 바로 '리' 단계다. '리' 단계에 도달한 사람은 그 방식을 체계화해서 다른 사람에게 전달하고 싶은 의욕이 솟구친다. 그리하여 그 내용이 책으로 출간된다. 다이어트의 '리' 단계에 도달해 자기만의 방식을 발견한 사람은 그 방법을 책으로 만들 수 있다. 따라서 몇백 권이나 되는 다이어트 서적이 존재하는 것이다.

다이어트의 이야기는 그대로 공부법에 적용된다. 세상에는 많은 공부법이 존재하며, 그중에는 자신에게 맞는 방법도 있고, 맞지 않는 방법도 있다. 그래서 이리저리 시도하면서 여러 가지를 조합해보고, 최종적으로 자신에게 가장 잘 맞는 독창적인 공부법이 자신에게 최강의 공부법, 궁극의 공부법이 된다.

다이어트도 공부법도 자기만의 방식으로 하지 않으면 최대의 효과가 나오지 않는다. 수파리의 '리' 이야기를 하면 전설의 무림 고수 같은 이미지가 떠오를 수도 있지만, 그 단계까지는 아니더라도 자기만의 방식을 모색해 가는 과정이 바로 '리'의 정신이다. 그런 의미에서 우리는 여러 가지 분야에서 '리' 단계에 도달할 수 있다.

바꿔 말하자면 마니아라는 표현에 가깝다. 엑셀의 달인은 못 되어도 엑셀 마니아는 될 수 있다. AI의 달인은 어려워도 AI 마니아는 가능하다.

이렇게 자기만의 방식을 탐구하는 것이 공부의 재미다. 기본을 질릴 만큼 철저히 배워야 하는 '수' 단계나 철저한 인풋과 꾸준한 아웃풋이 필요한 '파' 단계에서도 그 나름대로 성장하는 즐거움이 있지만, 궁극적인 배움의 즐거움은 자기만의 세계를 발견하고 구축하는 '리' 단계에 존재한다고 말할 수 있다.

이번 장에서 전달하는 아웃풋 내용은 전부 어려운 편에 속한다. 그러나 실제로 해보면 알겠지만 전부 굉장한 즐거움이 있다. 그것은 인간의 근본적인 욕구이자 고차원적 욕구인 존경의 욕구와 자아실현의 욕구를 채우고, 자기 긍정감을 높이기 때문이다. 공부라기보다 인생의 즐거움, 나아가 인생의 목적이라고 해도 될 정도다.

슈퍼 아웃풋 공부법을 통해 공부의 진정한 즐거움을 발견하고, 로켓을 타고 대기권을 돌파해 우주여행을 떠나는 듯한 자기 성장을 체험하기 바란다.

최고의 성과를 내는
슈퍼 아웃풋 공부법 4단계

Super
Output
Study
Method

슈퍼 아웃풋 공부법에서도 인풋, 아웃풋, 피드백을 반복한다. '파' 단계와 똑같다고 생각하는 사람은 여기까지 이 책을 정독하고 내용을 상당히 이해했다는 뜻이다. 그 생각은 맞는 말이지만, '리' 단계에 돌입하려면 아웃풋의 수준을 한 단계 끌어올릴 필요가 있다.

'파' 단계의 아웃풋은 말하기와 쓰기처럼 본인이 완결하는 일이다. '리' 단계의 아웃풋은 가르치기, 정보 게시하기, 강사 되기, 출간을 의미한다. 전부 다른 사람에게 전달하는 일이다. 이때도 인풋, 아웃풋, 피드백을 반복하면서 자기만의 방식을 구축하는 것인데, 우선 '가르치기'라는 키워드로 구체적인 방법에 관해 설명하겠다.

1단계 가볍게 가르치는 것부터 시작하라

가르치기의 4단계

어떤 공부법의 학습 정착률이 가장 높을까? 미국의 국립 훈련 연구소 데이터에 따르면 강의 수강 5퍼센트, 읽기 10퍼센트, 시청각 학습 20퍼센트, 시연을 통한 설명 30퍼센트, 토론하기 50퍼센트, 실제로 해보기 75퍼센트였다. 그리고 가르치기가 90퍼센트로 학습 정착률이 가장 높은 공부법으로 소개되고 있다. 이것은 러닝 피라미드Learning Pyramid라고 불리며, 효과가 가장 높은 공부법인 피라미드의 정점은 가르치기다.

내 저서 《외우지 않는 기억법》에서도 가장 효과 높은 궁극의 기억술은 가르치는 일이라고 역설한 적이 있다. 역시 누군가를 가르치는 일이 가장 효과적인 공부다.

하지만 다른 사람을 가르치라고 하면 대부분 같은 반응이 돌아온다.

"저는 못할 것 같아요. 좀 더 공부한 다음에 할게요."

그러나 가르치는 일은 그리 어렵지 않다. 고등학교 농구부를 예로 들어보자. 코치가 없는 날에는 3학년생이 1학년생을 지도할 것이다. 그것이 가르친다는 것이다. 가르치는 일은 방대한 경험을 쌓고 특별한 훈련을 받은 코치만 하는 것이 아니다. 누구라도 어느 정도의 경험을 쌓으면 초보자나 초학자는 가르칠 수 있다. 고등학교 3학년도 할 수 있으니 단계만 잘 밟으면 당신도 틀림없이 가능할 것이다.

1단계 일대일로 가르치기

가르치는 일은 장벽이 매우 높아 보이지만, 어제 읽은 책 내용이나 감상을 친구에게 이야기하는 일도 어엿이 가르치는 일이다. 친구, 동료, 가족에게 가볍게 가르쳐보자. 이런 일은 누구나 오늘부터라도 가능하다. 혹은 직장에서 후배에게 업무 방식을 설명할 수도 있다. 이것도 훌륭한 가르치기다.

일대일로 가르치는 일은 매우 간단히 할 수 있으며, 매우 효과적인 아웃풋 방법이다. 오늘부터라도 당장 실행할 수 있다. 이 책을 다 읽은 뒤 맨 처음 만난 사람에게 《인생을 바꾸는 슈퍼 아웃풋 공부법》라는 책을 읽었는데, 어떤 내용이냐면…" 하고 내용을 가르쳐줘도 좋다. 이것으로 가르치기 1단계는 돌파한 셈이다.

2단계 서로 가르치기

카페에 가면 학생 둘이서 서로 공부를 가르쳐주는 모습을 볼 때가 있는데, 이렇게 서로 가르쳐주는 일은 매우 효과적인 아웃풋 방법으로, 혼자 방에 틀어박혀 공부하는 것보다 훨씬 효과적이다. 공부 모임, 독서 모임 등 서로 가르쳐주는 공부 그룹에 참여하는 것도 서로 가르치는 행위라고 볼 수 있다.

예를 들어 새로운 법률, 제도, 시스템이 도입될 때 필요에 따라 공부 모임이 개최될 수 있다. 몇 명에서 최대 열 명 정도로 인원수가 별로 많지 않은 소규모 그룹으로 함께 공부한다. 그중 누군가가 강사나 진행자를 맡겠지만, 그곳에 참가해서 서로 의견을 나누는 일이 서로 가르쳐주는 것과 같다.

최근 액티브 러닝Active learning이 초중고에서 널리 퍼지고 있다. 선생이 가르치고 아이들이 배우는 것이 아니라 아이들이 서로 가르치는 수업, 아이들이 알고 있는 것과 할 수 있는 일을 실제로 해보는 실천형 수업이 액티브 러닝(능동 학습)이다.

강의나 수업을 받는 일은 단순히 앉아 있기만 해도 되는 수동 학습이다. 반면에 스스로 가르치는 쪽이 되어 서로 가르치는 일은 능동 학습이다. 실제로 액티브 러닝을 했던 선생에게 물어본 결과 서로 가르치는 아이들의 눈이 훨씬 빛난다고 한다. 아이들이 적극적으로 참여해서 즐거운 분위기가 넘치는 것이다. 서로 가르치면서 즐겁게 배우는 만큼 배움의 효과가 높다는 것을 생각하면 액티브 러닝은 훌륭한 공부법이라고 할 수 있다.

어른도 마찬가지로 국가시험, 자격시험, 혹은 검정 시험 등 각종 시험을 받을 때 몇 명이 모여 그룹을 만들고, 공부 모임을 열어 서로 가르쳐주면서 함께 공부하면 압도적인 성과를 낼 수 있을 것이다.

 ## 일 대 다수로 가르치기

3단계는 일 대 다수로 가르치는 일이다. 강연과 세미나 강사를 떠올리면 된다. 강사라고 하면 50명, 100명의 참가자 앞에서 이야기하는 이미지가 떠오르겠지만, 처음에는 5명이나 10명이라는 소수 인원 앞에서 이야기하는 것부터 시작해도 된다. 가르쳐서 얻는 배움의 효과는 참가자가 적어도 충분히 얻을 수 있다.

일 대 다수로 가르친다고 하면 장벽이 매우 높다고 느낄 수도 있다. 그러나 직장에서나 동료들에게 "○○에 관련해서 조금 이야기해주겠어요?"라고 소그룹으로 진행되는 미니 강연을 의뢰받을 수도 있다. 그런 기회를 거절하지 말고 받아들이면 가르치기의 3단계에 돌입할 수 있다.

나는 가끔 위스키 세미나를 개최하고 있다. 열 종류 정도의 위스키를 마시면서 그 위스키에 어울리는 음식을 먹고, 위스키에 관해 이야기하는 세미나다. 10년 이상 전에 내가 처음 위스키 세미나를 개최한다고 말했을 때 아내는 이렇게 말했다.

"당신은 위스키에 대해 그렇게 자세히 알고 있지 않잖아. 그런 빈약한 지식으로 세미나 같은 걸 하면 창피하니까 하지 마."

그런 생각을 하면 성장하지 못한다. 나는 위스키에 관한 지식이 풍부해서 다른 사람에게 가르치는 것이 아니라 위스키에 관한 지식이 부족해서 일부러 다른 사람에게 가르치는 것이다.

누군가를 가르치려면 매우 열심히 공부해야 하고 오랜 준비 시간이 필요하다. 준비 단계에서 자신이 모호하게 알고 있는 부분도 드러난다. 다른 사람에게 설명하려면 어중간하게 이해해서는 안 된다. 확실히 이해하지 않으면 설명할 수 없기 때문이다. 결국 자신의 배움이 한층 깊어질 수밖에 없다.

그리고 다른 사람을 가르친 내용은 잊히지 않는다. 그래서 다른 사람을 가르치면 폭발적으로 성장할 수 있다. 그러므로 가장 효과적인 공부법은 다른 사람을 가르치는 일이다. 지식이 부족하니까 가르치지 못하는 것이 아니다. 지식이 부족하니까 일부러 자기 성장에 가속을 붙이기 위해 강사가 되어 적극적으로 다른 사람을 가르쳐야 한다.

4단계 미디어를 통해 가르치기

4단계는 미디어를 통해 가르치는 일이다. 블로그, 이메일 뉴스레터, 유튜브 같은 인터넷 미디어를 활용할 수도 있고 신문, 잡지, 주간지 등에 기사를 게재할 수도 있으며 출판, 라디오, 텔레비전 출연도 해당된다.

대중매체에 기사를 게재하거나 텔레비전에 출연하는 일은 의뢰가 오지 않으면 하고 싶어도 할 수 없지만, 인터넷 미디어에 정보를 게시하는 일은 누구나 오늘부터 시작할 수 있다. 블로그에 기사를 쓰는 일도 유튜브에 동영상을 올리는 일도 무료이기 때문이다.

나는 유튜브 '정신과 의사 가바사와 시온의 가바 채널'에 매일 동영상을 업로드하는데, 이미 8,000편 이상의 동영상이 올라가 있다. 조회수가 많은 동영상은 200만 회인 것도 있다. 이 채널에서는 정신의학과 심리학을 가르치는 동영상을 주로 올린다.

가르칠 기회가 있으면 물러서지 말고 하라

가르치기의 3단계와 4단계는 조금 진입 장벽이 높다. 하지만 일단 친구에게 가르치거나 독서 모임에 참가하는 등 자신의 의지로 오늘부터 할 수 있는 일을 하나씩 해나가면 강사 초청이나 원고 의뢰 등 더 높은 단계의 기회가 반드시 찾아온다. 어떤 전문 영역에서 일을 하면 "그 화제와 관련해서 ○○에서 이야기해 주시겠어요?"라는 강사 의뢰가 들어온다.

그러나 사람들은 "저는 강의를 할 정도로 지식이 많지 않아요" "말솜씨가 없으니 양해해 주세요"라고 모처럼 들어온 강사 의뢰를 안타깝게도 거절하고 만다. 강의를 맡는 것은 배움과 자기 성장을 크게 키우는 좋은 기회다.

강의 의뢰를 열 번 받고 전부 거절한 사람과 열 번 모두 단상에 오른 사람은 성장 속도가 얼마나 다를까? 강의 횟수 열 번은 꽤 여러 번 경험했다고 말할 수 있다. 그 분야의 정보와 지식도 정리되었고, 말솜씨도 상당히 능숙해졌을 것이다. 강의 의뢰가 들어온다면 물러서지 말고 당당하게 수락해보자.

인터넷에 정보를 게시하는 7가지 이점과 6가지 요령

실제로 가르치는 일의 다음 단계는 스스로 정보를 게시하는 일이다. SNS를 활용해서 정보를 알린다고 해도 정말 개인적인 용도로만 SNS를 이용하는 사람에게는 심리적 장벽이 상당히 높을 것이다.

그래서 SNS를 이용해 정보를 게시했을 때 어떤 좋은 점이 있는지 정보 게시의 일곱 가지 이점을 정리해보겠다. 그리고 정보를 게시할 때 초보자가 갖춰야 할 마음가짐도 전달하겠다.

이점 1 기억에 또렷이 남는다

블로그나 이메일 뉴스레터에 기사를 쓰려면 자신의 체험, 경험, 정보, 지식을 정리해서 재구축해야 한다. 이렇게 정리하는 과정이 기억을 강화해준다. 또한 다른 사람이 읽는다는 것을 전제로 하고 있으므로 적절한 긴장감이 생긴다. 뇌과학적으로 적절한 긴장감은 노르아드레날린을 분비시키고, 기억력을 강화한다고 한다. X나 페이스북처럼 가볍게 이용할 수 있는 SNS라도 다른 사람이 본다는 것을 의식하면 긴장감이 기억을 강화시킨다.

인터넷에 올린 게시물은 다음번 게시물을 올릴 때 가끔씩 수정하기도 하므로 복습 효과도 있어 더 인상적으로 기억된다. 나는 이메일 뉴스레터에 쓴 내용은 10년 전에 쓴 것도 강렬하게 기억하고 있으며, 만약 잊었다 해도 다시 보는 순간 생생히 떠올릴 수 있다.

이점 2 피드백 효과가 있다

정보를 게시하면 반드시 반응이 돌아온다. "참고가 되었습니다" "감사합니다"라는 댓글이 달리거나, 메일이나 메시지로 감상을 보내오는 사람도 있다. 일단은 작은 반응일지라도 그것만으로 충분히 기쁘고, 어떤 게시물이 사람들에게 더 와닿는지도 점차 알 수 있게 된다.

독자의 반응과 감상이 내가 올린 게시물의 피드백이 되어 주는 셈이다. 결과적으로 게시물을 작성할수록 내용이 진화하고, 문장력과 구성력이 놀라울 정도로 발전한다. 독자가 최고의 코치가 되어 피드백을 주고 자신을 성장시켜주는 것이다.

이점 3 동기 부여 효과가 있다

인터넷에 누군가에게 도움이 되는 정보를 올리면 반드시 감사의 말이 돌아온다. 감사 메일이나 메시지를 받으면 매우 뿌듯하다. 혹은 직접 만난 사람에게 "항상 이메일 뉴스레터를 읽고 있어요. 공부하는 데에 도움이 돼요" "매일 올라오는 동영상을 기대하고 있어요"라고 감사 인사를 받는다. 이런 말은 강한 동기 부여가 되어 지속하는 데 원동력이 된다.

이점 4 자신에게 필요한 정보가 모인다

매일 정보를 올리다 보면 소재가 부족하지 않으냐는 질문을 받는데, 절대 그렇지 않다. 정보를 알리는 사람에게 정보가 모여들기 때문이다.

내가 수프 카레 사이트를 운영할 때 따로 모집하지 않았는데도 "○○에 새로운 수프 카레 가게가 오픈했으니 먹어보세요"라는 새로운 점포 정보를 매일 받아서 놀라웠다.

정보는 알리면 알릴수록 새로운 정보가 저절로 찾아온다. 인터넷에 정보를 게시하면 가만히 있어도 인풋의 양이 눈에 띄게 증가해서 질 높은 정보를 접하는 빈도도 높아진다. 결과적으로 아웃풋의 양도 질도 향상되어 자기 성장을 향해 나아갈 수 있다. 또한 정보를 게시하고 있으면 항상 게시물 소재를 찾으려고 안테나를 세우게 되어 자신에게 필요한 정보가 신기할 정도로 눈에 잘 들어온다.

이점 5 폭발적으로 자기 성장을 할 수 있다

매일 글을 쓰면 글쓰기 실력이 향상된다. 글쓰기 능력은 곧 생각하는 능력이므로 사고력과 통찰력이 향상된다.

그리고 매일 간결한 기사를 쓰면 정리 요약하는 능력이 크게 향상되고, 알기 쉽게 매사를 전달할 수 있다. 이를 1년씩 꾸준히 지속하면 차원이 다른 사람으로 진화하는 것이 실감된다.

정보를 게시하면 인풋과 아웃풋의 나선 계단을 꾸준히 올라가서 급속도로 성장할 수 있다. 정보를 게시하지 않는 사람은 도쿄에서 오사카까지 역마다 정차하는 열차에 탑승한 것과 같다. 정보를 게시하는 사람은 고속열차를 타고 가는 셈이다. 역마다 정차하는 사람은 절대로 고속열차를 따라잡을 수 없다.

이점 6 친구와 동료에게 좋은 평가를 받는다

정보를 게시하면 타인의 시선이 바뀐다. 주변에서 '이 사람은 정보를 알리는 대단한 사람이다'라고 생각해준다. '웹 심리 학원'에 참여하는 A씨는 IT 회사에 근무하는 회사원이다. 그는 내 저서 《나는 한 번 읽은 책은 절대 잊어버리지 않는다》에 자극을 받아서 아웃풋하는 노하우를 순수하게 실행했고, 서평 블로그를 개설했다.

그로부터 단 두세 달 만에 직장 사람들의 태도가 바뀌었다고 한다. 상사와 동료와 부하 직원들에게 "설명이 알기 쉬워졌다" "가르치는 방법이 능숙해졌다"라는 말을 들은 것이다. 블로그를 운영한 덕분에 자기 생각을 정리해서 전달하는 능력이 길러졌고, 결과적으로 직장 사람들에게 존경의 시선을 받았다.

심지어 옛 동창생에게 "독서를 이만큼이나 하는지 몰랐어!"라는 말을 들었다고 한다. 단 두세 달 동안 정보를 올렸을 뿐인데 이런 변화가 생겼다.

정보를 게시하면 직장에서 받는 평가가 달라진다. 그리고 자신의 특기나 장점을 다른 사람이 이해해준다. '아둔한 사람'이었던 평가가 '사실은 대단한 사람'으로 변화할 수 있다. 직장 동료나 상사는 보지 않는 척하면서도 사실은 몰래 그리고 확실히 내가 올린 게시물을 읽고 있다.

이점 7 고차원 욕구가 채워져 즐겁다

정보를 게시하면 자신의 생각이 정리되어 기억에 강렬하게 남는다. 공부 효과는 물론 자기 성장도 급상승할 수 있다. 독자에게 감사 인사를 받고 실제로 친구에게도 존경을 받는다.

다른 사람에게 감사의 말을 듣고 인정받으면 존경의 욕구가 채워진다. 정보 게시를 통해 하고 싶은 것이 잇달아 실현되므로 자아실현의 욕구도 채워진다. 이렇게 되면 매일 더할 나위 없이 즐거워진다.

심리학자 에이브러햄 매슬로Abraham Maslow는 존경의 욕구와 자아실현 욕구를 인간의 고차원 욕구라고 규정하고, 그것을 충족하면 행복해진다고 밝혔다. 결국 정보를 게시하면 존경의 욕구와 자아실현의 욕구가 충족되어 일상이 행복해질 수 있다는 말이다.

요령 1 편안한 마음으로 올려라

정보를 게시할 때 맨 처음에는 SNS에 책이나 영화의 감상을 쓰는 식으로 자신의 깨달음을 기록하는 메모장으로 사용해보자. 구체적으로 익명으로 짧은 글을 올릴 수 있는 X가 편리하다. 더 많은 사람이 읽기를 바라고, 본격적으로 정보를 게시하고 싶은 사람은 그다음으로 블로그, 인스타그램, 이메일 뉴스레터 등으로 단계를 올리면 된다.

SNS에 올린 기사는 기본적으로 장기 보존되며 나중에 다시 읽기도 편하다. 즉 자신의 깨달음이나 아이디어 보관소, 비망록이 된다. 이때 중요한 것은 편안한 마음으로 하는 것이다. '많은 사람이 읽을지도 모르니까 신중하게 써야지'라고 지나치게 신경 쓰면 꾸준히 지속할 수 없다.

나는 예전에 '삿포로 수프 카레 비평'이라는 사이트를 운영했다. 처음에는 다른 사람들에게 보일 작정은 아니었다. 내가 먹으러 다닌 수프 카레를 기록하고, 사진을 올려놓는 개인적인 일기나 앨범 같은 느낌으로 시작했으므로 방문자는 하루에 열 명 정도였다. '어차피 아무도 안 보니까 가식 없이 솔직하게 있는 그대로 써야지'라고 생각해서 쓰고 싶은 대로 썼더니 그것을 흥미롭게 여긴 사람들이 몰려들었고, 어느새 인기 높은 사이트가 되어 수프 카레의 인기를 이끌었다.

인터넷에 정보를 게시할 때는 긴장하지 말고, 자유롭게 써 나가면 된다. 물론 위법 행위는 하지 않고, 타인의 프라이버시를 침해하지 않으며, 사회의 상식을 지키고, 타인을 비방하지 않는 인터넷, 소셜 미디어의 기본 매너를 반드시 지켜야 한다.

요령2 자신의 의견을 써라

나는 SNS에서 많은 친구와 연결되어 있으므로 많은 사람이 올린 게시물을 매일 읽는데, 보고 있으면 자신의 의견을 쓰지 않는 사람이 매우 많다고 느낀다.

"책을 읽었습니다!"라고 써놓아도 책의 줄거리만 소개하고, 자신의 감상이나 의견은 보이지 않는 경우가 많다. 라면 사진을 올려도 "장안의 화제 ○○라면을 먹었습니다!"라는 사실만 쓰여 있고 실제로 어떤 맛인지, 자신은 그 맛이 좋은지 싫은지 의견이 실려 있지 않다.

책의 줄거리나 라면 가게의 점포 정보는 전문 사이트를 보면 된다. SNS에 올릴 때 가장 중요한 것은 자신의 의견이다. 의견이 담기지 않은 게시물은 읽고 있어도 정말 지루하다. 조금 심하게 말하자면 읽을 가치가 없다.

자신의 의견에는 다른 사이트에서는 절대 읽을 수 없는 독창적인 가치가 있다. 따라서 의견을 쓰지 않으면 SNS를 활용하는 의미가 없다. SNS에 게시물을 올릴 때는 반드시 자신의 의견을 넣도록 하자.

요령3 전문성을 더하라

자신의 전문성을 알릴 수 있는 게시물이 가장 좋다. 자신의 전문 영역에서 매사를 생각하고 설명하겠다는 자세다.

나는 정신과 의사가 읽은 책의 서평, 정신과 의사가 본 영화의 해설이라는 관점에서 정보를 게시하고 있는데, 이렇게 전문성을 더하기만 해도 많은 사람의 흥미와 관심을 끌 수 있다.

시스템 엔지니어가 본 ○○, 베테랑 영업사원이 본 ○○, 매장 점원이 본 ○○ 등 뭐든지 가능하다. 이 외에도 주부를 위한 ○○ 이라는 식으로도 충분히 성립된다. 실제로 주부를 위한 간단 레시피, 주부를 위한 정리 정돈과 같은 블로그가 인기를 끌고 있다.

이처럼 자신의 전문성과 경험에 바탕을 두고 세상을 바라보는 나만의 관점을 솔직하게 전하는 일이 중요하다.

요령 4 긍정적인 댓글에 주목하라

'SNS에 기사를 올리면 나를 비방하는 댓글이 달리지 않을까?'

'부정적인 댓글이 무서워.'

이렇게 생각하는 사람이 많다. 확실히 부정적인 댓글도 가끔 붙는다. 그러나 응원하는 댓글과 감사의 댓글 등 긍정적인 댓글도 많다. 그 비율은 1대10 정도다.

부정적인 댓글 하나가 붙으면 긍정적인 댓글은 그 열 배가 붙는다. 이것은 20년 이상 정보를 올려 온 내가 실제로 관찰한 결과다. 부정적인 의견을 말하는 사람도 있지만, 그 열 배나 되는 사람들이 내가 올린 정보를 환영하고, 응원하며, 기다려준다. 그런데 어째서 자신을 응원해주는 열 명을 무시하고, 부정적인 의견을 말하는 한 명에 집착하는가?

모든 사람에게 사랑받고, 이 세상 누구에게도 비판받지 않으며 감사와 칭찬의 말만 듣는 일은 인터넷 사회가 아니라 현실 사회에서도 힘든 이야기다. 부정적인 댓글을 쓰는 사람보다 열 배나 되는 사람이 당신을 응원한다. 그 사실을 기억하면 SNS 활동은 스스로를 더 행복하게 해줄 것이다.

요령 5 매일 게시하라

유명 블로거나 화제의 인플루언서에게는 아주 큰 공통점이 있다. 정보 게시의 필승법이라고 해도 좋을 정도다. 바로 정보를 매일 게시한다는 점이다. 이것이 가장 효과적인 방법이다.

SNS에서 사람들의 반응을 끌어내고 싶다면 매일 게시물을 올리자. 그러면 독자나 팬들이 좋아하며, '이 사람의 게시물을 내일도 읽고 싶다!'라고 생각하니 더 쉽게 친밀한 관계를 맺을 수 있다.

당신은 매일 방대한 인풋을 하고 있을 것이다. 그것을 기억에 정착시키려면 확실하게 아웃풋해야 한다. 그런 의미에서라도 매일 정보를 게시하는 방법이 가장 바람직하다. 숨을 들이쉬고 내쉬듯이 자연스럽게 인풋과 아웃풋을 하면 된다. 무리하게 분발할 필요도 없고, 압박을 느낄 필요도 없다. 메모장이나 노트에 쓰듯이 SNS에 글을 써서 올리면 된다. 그 내용이 충실하다면 긍정적인 댓글이 많이 달리고, 팔로어도 증가한다.

매일 게시물을 올리면 자신의 아웃풋 실력도 눈에 띄게 향상하고, 자기 성장도 급속도로 빨라진다. 독자나 팔로어가 감사 인사를 하기도 한다. 이리되면 모든 것이 순조롭게 돌아가기 시작한다.

부담 없이 쓰기 좋은 SNS 활용법

이렇게까지 설명해도 대부분 "내가 하기에는 어렵다" "매일 하라니 절대 못 한다"라고 생각한다. 혹은 "나는 글솜씨가 없다"라고 하는 사람도 많다. 분명 내용이 긴 원고를 쓰는 일은 어렵다. 하지만 140자라면 어떨까? X는 초심자라도 가볍게 할 수 있는 SNS다. 익명으로도 계정을 가질 수 있어서 얼굴이 나오거나 실명을 밝힐 필요가 없으므로 가볍게 시작할 수 있다. 이미 X 계정을 가지고 있는 사람도 많을 것이다.

독서를 하면 그 감상을 X에 올려보자. X는 무료 버전이라면 한 번에 140자까지만 허용되므로 140자 이하로 책의 감상을 쓰게 된다. 사실 쉬운 일은 아니다. 자신이 글솜씨가 없다고 생각하는 사람도 금세 140자를 넘겨버리기 때문이다. 즉 140자 이하로 요약할 필요가 있다는 뜻이다. 그러니 책의 줄거리를 요약해보고, 자신의 감상을 요약해보자. 좀 더 노력해서 문장을 다듬지 않으면 140자 이하로 능숙하게 전달할 수 없다.

처음에는 서툴러도 좋으니 일단 책을 읽으면 X에 감상을 올리는 일을 반복하자. 정리하는 능력, 요약하는 능력이 급격히 향상될 것이다.

140자로 정리하는 작업은 아주 어렵지는 않지만, 조금 어려운 편이다. 즉 '조금 어려운' 수준이므로 뇌에 적당한 자극을 주어 자기 성장에 도움이 된다. 처음에는 어려울 수도 있으나 능숙해지면 즐거운 마음으로 매일 하게 될 것이다.

요령6 시간을 제한하라

정보를 게시하고 싶어도 바빠서 못하겠다는 사람이 많다. 그런 사람 중에는 하루에 몇 시간씩 스마트폰을 내려놓지 못하는 경우가 많다.

만약 아웃풋 시간이 부족하다면 인풋의 시간을 줄이기 바란다. 그렇게 하면 시간을 손쉽게 만들 수 있다. 인풋 시간을 줄여도 아웃풋을 늘리면 인풋과 아웃풋의 사이클이 돌아가므로 인풋의 질과 양이 대폭 개선된다. 결과적으로 지금까지 하던 것보다 몇 배의 인풋이 가능해지므로 걱정할 필요가 없다.

이따금 "하루 두세 시간 투자해서 블로그를 하고 있어요"라고 말하는 사람을 만난다. 기세는 대단하지만 그렇게는 지속할 수 없으니 하지 않는 편이 낫다.

정보 게시에 걸리는 시간은 하루 한 시간 정도로 제한한다. 사람들은 시간을 많이 투자하면 좋은 게시물을 쓸 수 있다고 생각하지만, 완전히 잘못된 생각이다. 짧은 시간에 집중해서 써야 좋은 게시물, 좋은 글이 나온다.

나는 하루 한 시간에 X, 페이스북, 이메일 뉴스레터의 작성을 끝낸다. 한 시간이라고 정했기 때문에 한 시간에 끝낼 수 있다. 시간을 정해놓지 않으면 느릿느릿하다가 몇 시간이 걸릴 것이다. 한 시간에 끝내도록 긴장하면서 꾸준히 연습하면 가능해진다. '시간을 충분히 들이자' '시간이 걸리는 것은 어쩔 수 없다'라고 생각하는 한 몇 시간씩 걸린다.

무리해서 하면 절대 오래 할 수 없다. 지속하지 못하면 정보 게시의 효과를 얻을 수 없으니 의미가 없다. 지나치게 애쓰지 말고 매일 시간제한을 두어 같은 시간을 꾸준히 투자하자. 그것이 뇌를 가장 즐겁게 하고 효과가 좋은 방법이다.

3단계 강사가 되어 나의 지식을 체계화하라

강사가 되는 일의 이점

강사는 되기가 매우 어렵다는 이미지가 있다. 타인에게 배우는 존재가 타인을 가르치는 존재가 되어 위치가 180도 바뀌는 일을 의미하기 때문이다. 그만큼 커다란 이점도 있고, 압박도 있다. 즉 강사가 된다는 것은 '조금 어려운' 수준인 만큼 배움의 효과도 절대적이다. 그렇기에 굳이 강사 수준까지 단계를 올려 도전해보기 바라는 것이다.

구체적으로 강사가 되면 어떤 이점이 있을까? 지식이 기억에 선명히 남고 체계화되어 자기만의 방식에 틀이 잡힌다. 말솜씨와 프레젠테이션 능력이 크게 향상된다. 다른 사람에게 존경과 감사를 받는다. 다양한 곳에서 강사라고 불리게 된다. 강연 수입도 생기고, 책을 출간할 기회를 얻기도 한다. 텔레비전에 출연하거나 매스컴에서 취재 의뢰가 들어온다. 간단히 말해 강사가 되면 이만큼 대단한 이점을 얻을 수 있다.

강사가 되는 길에는 노력과 공부가 필요하지만, 그 노력의 몇 배나 되는 보상이 돌아온다. 강사가 된다는 것에는 이런 의미가 있다.

체계화하면 성장의 속도가 다르다

강사는 상대를 가르치는 사람이다. 그러려면 지식을 체계화해야 한다. 체계화라고 하면 뭔가 대단해서 자신은 못할 것 같겠지만, 세미나와 강연을 하는 것 자체가 바로 체계화다. 자신의 체험과 지식을 정리해 상대가 알기 쉽도록 재구축해서 전달하는 것이 체계화이며 세미나와 강연 시에는 이런 작업이 필수다.

같은 교과서를 활용해 가르친다고 해도 자신의 체험, 경험, 깨달음을 넣어 자기만의 방식으로 재구축해야 한다. 자신을 주인공으로 넣어 하나의 이야기로 재구축하는 일이 체계화다. 자신의 체험, 경험, 깨달음이 들어가지 않으면 AI에게 강사를 시키는 편이 나을 것이다.

강사가 된다고 하면 몇십 명, 혹은 몇백 명 앞에서 이야기하는 이미지를 떠올릴 수도 있다. 하지만 다섯 명에게 전달하는 사내 공부 모임이어도 마찬가지다. 자료, 요약본, 슬라이드를 만드는 과정 역시 체계화다.

이런 작업을 해보면 알겠지만, 우선 머릿속이 싹 정리된다. 자신의 이해가 모호했던 부분이나 지식이 부족한 부분이 명확해지므로 그것을 보완해야 한다. 그런 부분을 공부하면 가파르게 성장할 수 있다. 바로 '무지의 지 공부법'이다.

기존의 교과서를 사용해서 강의하는 경우도 마찬가지다. 그 속에 독자적인 경험이 더해지면 자기만의 방식이 구축된다. 자신의 체험을 주입해서 배움이 온전히 자기 것이 되는 것이다. 이것이 '리'의 경지다.

체계화는 처음에 매우 어렵게 느껴지지만, 매우 즐거운 작업이다. 이제껏 자신이 해온 것들이 형태를 갖춰 정리되고, 자신의 체험, 경험을 많은 사람에게 전달해 도움을 줄 수 있기 때문이다.

그러니 체계화에 도전해보자. 강사로서 상대를 가르치는 단계에 올라보자. 그렇게 하면 놀라운 성장을 실감할 것이다.

한 달 만에 누구나 강사가 되는 방법

다들 "강사가 되기 어려워요"라고 말하지만 누구나 한 달만 있으면 강사가 될 수 있다. 먼저 지금부터 한 달 후의 날짜로 "○월 ○일에 ○○ 강의를 온라인으로 진행합니다"라고 당신의 SNS에 올린다. 이상이다.

그다음 필사적으로 참가자를 모은다. 이것으로 당신도 훌륭한 강사다. 온라인 강사는 Zoom을 사용하면 되므로 특별한 지식이나 기술도 필요하지 않다. 완벽한 준비보다 중요한 것은 실제로 시작하는 일이다.

처음에는 다섯 명이라도 좋으니 소규모 세미나와 공부 모임을 온라인에서 개최해보자. 참가자는 친구나 지인 중심이 될 수도 있지만, 전혀 문제 되지 않는다. SNS에 강의 내용과 취지를 명확히 게시하고 있다면 그 글을 보고 연결된 사람이 반드시 몇 명은 와줄 것이다.

다섯 명이든 열 명이든 좋으니 사람들 앞에서 이야기하는 경험을 쌓아보자. 한 번 경험해 보면 큰 공부가 된다는 것을 누구라도 실감할 수 있다. 공부가 목적이라면 참가자 인원수는 관계없다. 참가자가 열 명이든 100명이든 준비하는 시간은 같다. 이를 통해 얻는 배움도 똑같다. 주도면밀하게 준비하는 동안 진화해 가는 자신을 발견할 것이다.

그리고 반드시 참가자에게 감상을 물어보자. 설문조사를 하는 것과 동시에 가능하면 직접 감상을 들어보자. 그것이 피드백이다. 강의에서 좋은 평가를 받은 부분을 발전시키고, 안 좋은 평가를 받은 부분을 수정하면 세미나와 강연의 수준이 크게 향상된다. 강사를 하면 정리 능력, 말하는 능력, 전달하는 능력, 커뮤니케이션 능력, 자신감이 폭넓게 상승한다.

인풋, 아웃풋, 피드백, 그리고 다시 인풋을 반복하자. 강사가 되는 순간 인풋과 아웃풋의 나선 계단은 한층 넓어진다. 그리고 성장의 사이클은 더 빠르게 돌아가기 시작할 것이다.

내가 매년 책을 출간하는 이유

나는 지난 10년 동안 매년 2~3권씩 책을 꾸준히 출간하고 있다. 최근 3년 동안에는 해마다 5권 이상을 출간했다. 이런 이야기를 하면 "대단하네요. 어떻게 그런 일이 가능하나요?"라는 질문을 받는다. 대답은 "매년 책을 출간하고 있기 때문"이라고 할 수 있다. 답이 될 수 없다고 생각하겠지만, 그것이 이유다.

출간은 궁극적인 체계화의 과정을 거치는 작업이다. 자기 안의 정보, 지식, 체험, 경험, 노하우, 생각 등을 모두 짜내어 한 권의 책으로 정리한 것이다. 시간이 방대하게 들어가는 매우 힘든 작업이기도 하다.

그러나 책을 출간하면 매우 안심이 된다. 자신의 지식과 경험이 책이라는 형태로 전부 압축되기 때문이다. 책에 담은 만큼 잊어도 된다는 뜻이며, 나는 실제로 잊는다. 대청소를 하고 나면 집 안에 공간이 생기듯이 재고가 쌓인 뇌의 공간을 정리하는 출간 작업을 하면 뇌 속에도 널찍한 공간이 생긴다.

컴퓨터를 2, 3년 사용하면 데이터의 저장 용량이 부족해지고, 속도도 느려져서 사용하기 힘들어진다. 그러나 새 컴퓨터로 바꾸면 저장 용량이 대량으로 생기고, 속도도 매우 빨라진다. 출

간이란 마치 컴퓨터를 바꾸듯이 뇌의 용량에 여유가 생겨서 새
로운 정보를 힘차게 인풋할 수 있고, 뇌의 속도도 빨라진다고
나는 실감하고 있다.

반대로 말해 책을 쓴 적 없는 사람은 머릿속이 오래된 컴퓨터
같은 상태다. 정보나 지식이 대량으로 채워져 있지만 정리되지
않은 상태다. 그것을 정리해서 통째로 외장 하드로 옮긴 뒤 컴
퓨터 내에서 삭제하는 작업이 바로 출간에 해당한다.

책을 한 권 써서 재고 정리를 끝내면 다음 책 한 권을 쓸 수 있
을 만큼의 공간이 뇌에 생긴다. 내가 10년이 넘게 매년 2~3권씩
출간할 수 있는 것은 출간을 통해 뇌의 빈 공간을 계속 만들고
있기 때문이다.

앞서 인풋과 아웃풋을 반복하면서 나선 계단을 오르듯이 성
장의 계단을 올라가자고 언급했다. 출간은 인터넷에 정보를 게
시하거나 강사로 가르치는 일보다 훨씬 규모가 큰 인풋과 아웃
풋이 이루어진다. 그래서 성장의 폭도 훨씬 크다. 책을 쓰는 일
은 사람을 성장시킨다. 출간은 슈퍼 아웃풋 공부법의 최종 단계
이자 궁극적인 아웃풋이다.

출간을 목표로 하자

책을 내고 싶어도 대부분 가능하다고 생각하지 않는다. 하지
만 이 책에 쓰여 있는 인풋과 아웃풋의 나선 계단을 계속 올라

가다 보면 자연스럽게 출간을 맞닥뜨리게 된다.

나는 '웹 심리 학원'에서 강사와 저자를 목표로 하는 사람을 대상으로 공부 모임을 열고 있는데, 이미 200명 이상의 저자를 배출했고, '웹 심리 학원'의 학생이 출간한 책은 내가 소유하고 있는 것만 해도 500권이 넘는다.

매년 출간 기획서 대회라는 이벤트도 연다. 편집자 30명 정도 앞에서 기획서를 프레젠테이션하고, 팻말이 올라가면 출간의 기회를 얻는 출판 오디션이다.

'웹 심리 학원'에 들어올 때는 그저 평범했던 사람이 정보를 게시하고 강사가 되어 정기적으로 세미나를 개최하는 모습을 보인다. 그렇게 눈부신 성장세로 2, 3년 후에는 출간의 단계에 도달한다. 그런 학원생을 몇십 명이나 지켜보았다.

이야기의 요점은 많은 사람에게 도움이 되는 정보를 알려서 실제로 사람들에게 기쁨을 주다 보면 출간의 기회가 저절로 찾아온다는 것이다. 누구나 책을 낼 수 있다고 단언할 수는 없지만, 인풋과 아웃풋을 반복해서 자기 성장의 계단을 착실히 오르면 출간의 확률은 확실히 높아진다.

책 읽기를 좋아하는 사람은 '나도 언젠가 책을 내고 싶다!'라는 꿈이 있을 것이다. 그것은 불가능한 일이 아니다. 이 책에 담긴 슈퍼 아웃풋 공부법을 확실히 실행하면 노력이 빛을 발할 것이다.

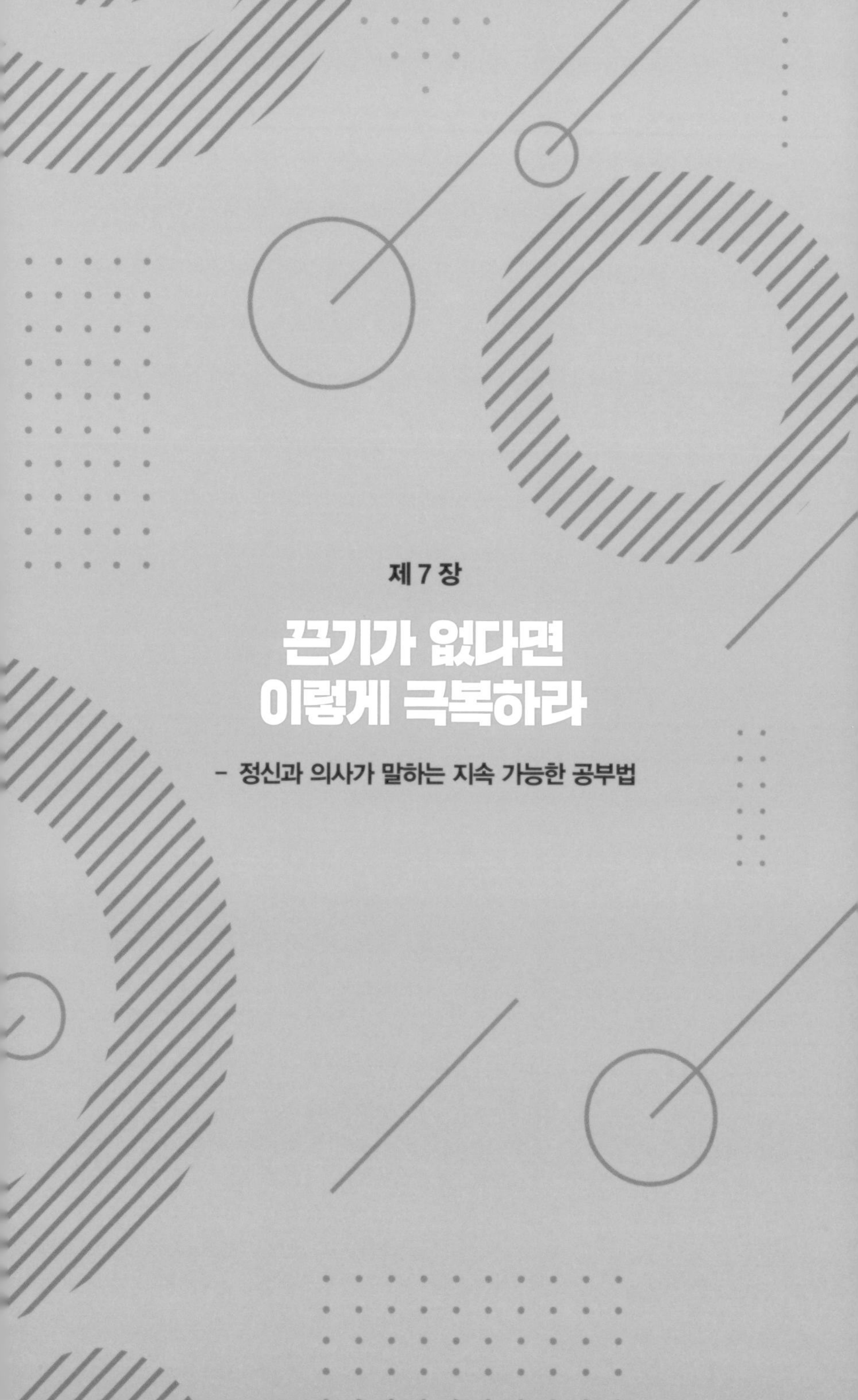

제 7 장

끈기가 없다면 이렇게 극복하라

– 정신과 의사가 말하는 지속 가능한 공부법

10년 지속 가능한
공부법으로 전문가가 되는 법

Super
Output
Study
Method

꾸준히 한다는 것은 매우 중요한 일이다. 애써 시작한 공부도 도중에 관두면 헛수고가 된다. 공부만이 아니라 모든 일을 꾸준히 하고 싶지만, 금방 포기하는 사람이 많다.

최근에 "가바사와 씨 대단해요"라는 말을 자주 듣지만, 나는 본래 매우 평범한 사람이다. 남에게 자랑할 만한 능력은 거의 없다. 만약 나에게 남들보다 뛰어난 능력이 있다면 꾸준히 하는 능력일 것이다.

일단 나는 정보를 게시하는 활동을 20년 이상 했다. 이메일 뉴스레터는 2004년부터 했는데, 특히 2006년부터는 19년간 거의 매일 발행하고 있다. X도 매일 업로드한다. 유튜브도 매일 업로드하는데, 10년 넘게 하고 있다. '웹 심리 학원'의 운영과 매월 개최하는 세미나는 16년 동안 지속했다. 개인적인 일을 예로 들자면 주 1회의 가압(혈류 제한) 트레이닝, 주 1회 유산소 운동을 15년 동안 유지 중이다.

나는 지금까지 이런 일들을 지속해 왔으며, 전부 현재도 진행 중이다. 내가 현재 보유한 능력, 모두가 대단하다고 생각하는 능력이 있다고 한다면 본래 평범했던 능력을 10년 이상 꾸준히 하면서 특별한 능력으로 갈고닦았을 뿐이다.

10년 동안 꾸준히 하면 아무리 평범한 사람이라도 상당한 수준에 도달할 수 있다. 다른 사람이 우러러보는 전문가 수준이 될 수 있다. 그래서 10년간 노력하자는 것이 '10년 지속 공부법'이다. 많은 일을 포기하지 않고 꾸준히 할 수 있는 요령을 이번 장에서 이야기하고자 한다.

공부법 1 꾸준히 보다 오늘만 살자

꾸준히 하려거든 지금 하는 일에 전념하라

꾸준히 하기 위한 궁극의 비법은 꾸준히 한다는 것을 생각하지 않는 일이다. 기대에서 벗어난 이야기일 수도 있지만, 이것이 전부다. 나는 지금 꾸준히 하자는 내용을 쓰고 있지만, 사실 이런 일들을 지속하자고 생각해본 적은 없다. 거짓말도 아니고, 허세도 아닌 솔직한 마음이다.

'이메일 뉴스레터를 5년 동안 쉬지 말자' '유튜브 운영을 3년간 유지하자'라는 식으로 생각한 적은 한 번도 없다. 오히려 지속하자고 생각하면 지속하지 못한다. 꾸준히 하지 못하는 가장 큰 이유는 꾸준히 하자고 생각하기 때문이다.

꾸준히 하자고 생각하는 것은 미래를 예상하고 이미지를 그리는 일이다. 예를 들어 '석 달에 5킬로그램 다이어트하기 위해 식사 제한하기'라는 목표를 세웠다고 하자. 석 달 동안 자신의 식욕을 억제하며 먹고 싶은 음식도 먹을 수 없다. 생각만 해도 즐겁지 않다. 괴로운 기분에 지배되어 침울해지면 지속할 수 없다.

뇌는 즐거운 일에 도파민 등의 물질을 분비해 그 일이 성공하도록 응원한다. 괴로운 일은 스트레스 호르몬을 내보내 단호히 관두게 한다. 따라서 괴로운 목표는 절대 지속할 수 없다.

나는 지금 할 것인지, 하지 않을 것인지 그것만을 판단해 왔다. 운동을 하러 갈 때 컨디션이 조금 안 좋으면 내키지 않는 날도 있다. 그럴 때는 '지금 갈까, 가지 말까?'라는 양자택일을 스스로 판단한다. 그리고 결국 '지금은 컨디션이 조금 나쁘지만 운동하고 나면 상쾌하니까 역시 가는 게 나아'라고 생각하고 가는 쪽을 선택한다.

지금 한 번, 오늘 한 번, 그 한 번을 365번 반복하면 1년이 된다. 3,650번 반복하면 10년이라는 결과가 나온다. 지속한다는 것은 미래가 아니라 과거의 결과에 지나지 않는다. 꾸준히 하자고 미래를 향해 생각하면 정신적으로 부담이 된다. 하지만 '오늘 하루만 하면 된다!'라고 생각하면 편하다.

일단 지금만 하고, 지금 최선을 다한다. 내 좌우명은 "지금을 산다"이다. 지금을 산다는 말은 지금 하는 일에 전념하고, 지금 이 순간에 온 힘을 다한다는 의미다. 지금을 사는 것이 행복으로 가는 지름길이다. 반면에 미래를 살면 불안해진다. 나중에 어떻게 될지, 실패의 걱정에 사로잡힌다.

정신과 환자는 대부분 미래를 살아서 스스로 불안을 만들어낸다. "내일 상황이 나빠지면 어쩌나요?"라고 불안해하며 "지금은 상태가 좋으니까 그것으로 좋지 않지 않나요?"라고 말해도 통하지 않는다.

과거를 사는 사람도 기분이 침울하다. "그때 ○○했으면 좋았을 텐데" "○○해두었으면 이렇게 되지 않았을 텐데"라고 과거를 돌아보면 대개 후회로 이어진다.

과거도 미래도 단순한 의식 문제로, 타임머신이 없으면 사람은 현재밖에 살지 못한다. 그러나 사람들은 과거와 미래에 휘둘려 불안해하거나 침울해하거나 의욕을 잃고 끈기를 잃는다.

이는 단순한 사고방식의 문제다. 그러니 지금에만 집중하자. "입시까지 남은 1년 동안 매일 공부해야 해"라고 하지 말고 "일단 오늘 세 시간 공부하자"라고 생각하자. 내일 일은 내일 생각하면 된다.

지금 하는 일에 전력을 다한다. 지금을 산다. 이것이야말로 꾸준함을 위한 궁극의 비법이다.

우승 후보 선수들은 눈앞의 한순간에 집중한다

씨름 대회 9일째, 지금까지 전승을 거둔 선수를 기자가 인터뷰한다.

"남은 시합이 여섯 번인데, 이제 우승이 눈앞에 보이시나요?"

"저는 다음번에도 최선을 다할 뿐입니다."

눈앞의 한순간에 집중하는 것이 지금 하는 일에 전념하는 것이다. 프로 스포츠 선수들은 지금 하는 일에 전념하는 능력이 뛰어나다. 무심코 우승을 의식해서 '앞으로 여섯 번이나 남았어' '이대로 계속 이겨야 해'라고 생각하는 순간 잡념이 생기며 집중력이 흩어진다.

우승하고 싶다면 다음 대전에도 전력을 다하는 수밖에 없다. 지금 하는 일에 전념할 뿐이다. 그래서 우승 후보인 선수들은 "저는 다음번에도 최선을 다할 뿐입니다"라고 모두 같은 말을 한다.

우리도 그런 점을 모방해서 "지금 하는 공부에 최선을 다할 뿐입니다"라는 사고를 하게 된다면 다음 주에 있을 시험도 불안해하지 않고 100퍼센트의 실력을 발휘할 수 있다.

지나치게 분발하지 말고 느슨한 기분으로

카피라이터 이토이 시게사토糸井重里가 운영하는 '거의 일간 이토이 신문'이라는 웹사이트가 있다. 1998년 문을 연 이 사이트는 일본 정보 포털의 원조라고 할 수 있다.

'거의 일간'이라는 명칭을 보고 나는 놀라웠다. 사실 '거의 일간 이토이 신문'은 '거의 일간'이라고 하면서도 1998년 6월 6일 이래 하루도 쉬지 않고 갱신되고 있기 때문이다.

그렇다면 그냥 '일간'으로 해도 되지 않을까 싶지만, '거의 일간'으로 하고 있기에 즐겁게 지속할 수 있는 것이다. '일간'이라고 못 박으면 1년 365일 반드시 매일 갱신해야 한다. 그러면 의무가 되어 억지로 하는 느낌이 들어 하는 쪽도 즐겁지 않다. 그런데 신기하게도 '거의 일간'으로 하면 이런 의무감이나 억지로 하는 느낌이 사라진다.

나도 '거의 매일' 이메일 뉴스레터, 페이스북, 유튜브를 업로드하고 있다. 한 달에 한두 번 발행하지 않는 날도 있지만, 크게 상관하지 않는다. 반드시 매일 발행해야 한다는 마음으로 하면 굉장한 압박감과 스트레스를 안게 된다.

업무가 바쁘거나 온갖 일이 겹치는 날도 있는데, 하루도 빼놓지 않으려고 하면 수면 시간을 줄이는 수밖에 없다. 하지만 이메일 뉴스레터를 하루 발행하지 않는다고 해도 불평하는 사람은 아무도 없다. 그것은 처음부터 거의 일간으로 발행한다고 말했기 때문이다.

결과적으로 그런 느슨함이 거의 매일 이메일 뉴스레터를 10년 이상 발행해 오는 이유이기도 하다. '무조건 매일 발행하자!'라고 생각하면 이메일 뉴스레터 발행이 작업이 된다. 지루해지면 의욕이 급격히 떨어지기 마련이다.

가끔 페이스북이나 블로그를 매일 업로드하던 사람이 갑자기 그만하겠다고 선언하는 모습을 본다. 매일 지나칠 정도로 성실하게 하다가 에너지가 100에서 0으로 바닥나기 때문이다.

매일 꼭 하자고 분발할수록 꾸준히 할 수 없다. '거의 일간' 정도의 느슨한 기분으로 하면 공부, 스포츠, 정보 게시 등 어떤 것이라도 의외로 길게 지속할 수 있다.

공부법2 정체기는 곧 폭발적 성장의 징조다

열심히 하는데 성과가 나오지 않는 것은 기쁜 일

'공부하면 공부한 만큼 성과가 나온다.'

'공부의 양과 성과는 비례한다.'

혹시 이렇게 생각하는가? 애석하지만 그렇지 않다.

대부분 공부를 열심히 해도 쉽게 성과가 나오지 않는 것이 일반적이다. 거기서 더 노력해도 마찬가지다. 정말 온 힘을 다해 공부하면 드디어 성과가 조금 나온다. 그리고 정말 끝을 봐야 성과가 확 나온다. 노력의 양과 결과는 정비례가 아니라 지수함수 비례의 관계다.

성장은 지수함수적으로 일어난다. 조금씩 천천히 올라가다가 한꺼번에 급성장하는 경향이 있다는 의미다. 공부, 스포츠, 비즈니스, 상품의 인기 등 많은 일이 지수함수적으로 성장한다고 한다.

이와 관련해 어디까지 학술적인 근거가 있는지는 명확하지 않지만 입시학원 강사, 스포츠 지도자, 비즈니스 컨설턴트, 대학 교수 등의 많은 저서에서 성장이 지수함수적으로 일어난다고 하는 그래프가 인용되어 있다. 경험적으로 많은 지도자와 전문가가 공감하는 법칙이라고 해도 될 것이다.

좀처럼 성장하지 못하는 상태에서 급격히 성장하는 상태로의 이행점을 티핑포인트(임계점)라고 한다. 상품이나 유행이 폭발적으로 퍼져나가는 구조를 해설한 말콤 글래드웰Malcolm Gladwell의 저서《티핑포인트The Tipping Point》를 통해 티핑포인트라는 말이 널리 알려졌다.

한 사람은 몇백 명이나 되는 사람과 연결된 네트워크를 형성하고 있으므로 상품의 확장은 지수함수적으로 일어난다. 마찬가지로 인간의 뇌도 하나의 뉴런(신경세포)이 약 2,000개 이상의 뉴런과 접속해서 그 네트워크를 이용해 학습과 기억을 하므로 공부나 스포츠의 성장도 지수함수적으로 일어난다고 생각할 수 있다.

이것을 아는 것과 모르는 것은 차이가 크다. 노력과 성장이 지수함수적으로 일어난다는 것은 다시 말해 티핑포인트까지 노력하면 그 너머에 폭발적인 성장이 기다리고 있다는 뜻이다. 사람들은 노력과 성장이 비례한다고 잘못 생각하므로 노력한 만큼 성과가 나오지 않으면 불안해하고, 의욕을 상실해서 티핑포인트에 도달하기 전에 포기하고 만다.

그러나 정말 열심히 했는데 전혀 성과가 나오지 않는 것은 지수함수적 성장을 생각했을 때 당연한 일이다. 오히려 노력해서 간단하게 성과가 나오는 편이 이상하다. '이렇게까지 노력했는데 전혀 성과가 없어'라고 느껴지는 것은 순조롭게 성장하고 있다는 증거다. 정체는 어느 날 갑자기 풀린다. 그러니 일단 티핑포인트까지 노력하자. 티핑포인트는 바꿔 말하자면 한계를 뛰어넘는 지점이다. 그 지점을 뛰어넘으면 앞으로 승승장구할 일만 남았다.

'이렇게까지 노력했는데 전혀 성과가 없어'라고 느껴진다면 성장은 지수함수적으로 일어난다는 이론을 떠올리기 바란다.

한계를 돌파하기까지 앞으로 한 걸음 남았다는 뜻이다.

공부법 3 슬럼프가 왔다면 곧 터널의 끝이다

힘들다면 제대로 가고 있다는 뜻

매일 공부하는데 전혀 효과를 자각할 수 없으면 '정말 이 방법이 맞나?' '이대로 계속 가면 전부 헛수고가 되지 않을까?'라며 출구가 보이지 않는 터널을 걷는 듯이 매우 불안해진다.

그러나 앞서 말했듯이 성장은 지수함수적으로 일어나므로 바로 성과가 나오는 일은 거의 없으며, 쉽게 성과가 나오지 않는 것이 일반적이다. 지수함수적이므로 맨 처음에는 노력한 만큼 성과가 없는 것이 당연하다.

그런 상태일 때는 대개 출구가 바로 앞인 경우가 많다. 출구 직전까지 왔는데 그곳에서 다 내던지고 포기하는 사람도 많다. 그러면 들인 노력이 전부 수포로 돌아간다. 얼마나 안타까운 이야기인가? 지수함수적 성장을 의식하고 있으면 노력한 만큼 성과가 없다고 해도 사실 예정대로 성장 중이라는 것으로 이해할 수 있다.

석 달 동안 3킬로그램의 체중 감량을 목표로 다이어트를 시작한 여성이 있다고 하자. 한 달 동안 필사적으로 노력했는데 전혀 효과가 없었다. "겨우 200그램 살이 빠졌다"라고 말하는 사람에게 "200그램이나 빠졌다니 대단하네"라고 해도 본인은 절대 만족하지 못한다.

다이어트를 시작해도 첫 한 달은 거의 효과가 없는 것이 일반적이다. 따라서 다이어트 한 달째에 눈에 띄는 효과가 나오지 않는 것은 당연한 일이며, 오히려 200그램이나 체중을 줄였다면 다이어트 성공이라고 할 수 있다. 한 달 더 해보면 1킬로그램 정도 확 빠질 것이다.

그러나 대부분 이 상태에서 다이어트를 포기한다. 다이어트는 제대로 하고 있지만, 끝이 보이지 않는 터널 효과 때문에 의욕을 잃기 때문이다. '성과가 나오지 않으니까 이제 그만해야지'라고 생각한다면 그것은 터널을 빠져나오기 직전이라는 신호다. 그러니 조금만 더 해보면 어떨까?

공부법4 두 가지 관문만 뛰어넘자

인간이 지닌 두 가지 동기 부여

터널에 갇힌 듯한 불안감은 어떻게 해소해야 할까? 터널의 길

이를 알고 있으면 된다. 끝이 없어 보이는 긴 터널이라도 길이
가 1,000미터라는 사실을 알고 있으면 900미터까지 온 상태에
서 되돌아갈 사람은 없을 것이다. 900미터를 되돌아가기보다
남은 100미터를 참고 나아가는 편이 당연히 낫다. 터널의 길이
만 알고 있으면 어두컴컴해서 괴로운 터널이라고 해도 출구까
지 나아가는 일은 그리 어렵지 않다.

공부, 연습, 배움 등 어떤 일을 시작할 때는 두 가지 터널(관문)
이 존재한다. 그것은 1개월째와 3개월째다. 그 두 가지 관문을
넘어설 수 있다면 12개월째까지 어떻게든 나아갈 수 있다.

다이어트를 시작해도 많은 사람이 1개월도 지나지 않아 좌절
한다. 그 지점을 뛰어넘으면 3개월까지는 어떻게든 열심히 하
지만, 3개월 차에도 역시 중도 포기하는 사람이 증가한다. 3개
월이 지나면 식단과 운동이 습관화되어 12개월까지 갈 수 있는
상태가 된다.

이것을 뇌과학적으로 분석해보면 '노르아드레날린 동기 부
여'와 '도파민 동기 부여'로 설명할 수 있다. 사람에게는 두 가지
동기 부여가 있다. 괴로운 일을 극복하거나 곤경에 빠졌을 때
힘을 발휘하는 노르아드레날린 동기 부여, 보상 시스템이라고
해서 성과와 보상을 목적으로 즐기면서 노력하는 도파민 동기
부여다.

사람은 곤경에 처해도 1개월은 노력할 수 있다. 가령 회사에

서 상품의 납기 기한에 시달리고 있다고 하자. 한 달 정도 매일 야근이 이어지고, 때로는 밤새 업무를 하기도 한다. 그러나 그 일 때문에 우울증에 걸리는 사람은 많지 않다.

매우 혹독한 상황에 내몰려도 한 달 정도는 노력할 수 있다. 역경에 몰렸을 때 분비되는 노르아드레날린 덕분이다. 노르아드레날린 동기 부여가 작용한 것이다. 그렇지만 만성적인 스트레스, 장기간의 스트레스에 노출되면 노르아드레날린이나 세로토닌이라는 신경전달물질이 감소되다가 고갈되어 우울증 상태가 나타난다고 알려져 있다.

일본의 세로토닌 연구의 일인자 아리타 히데호有田秀穂 선생은 《뇌에서 스트레스를 지우는 기술脳からストレスを消す技術》에서 세로토닌 신경을 약화시키는 생활 습관을 지속하면 석 달 만에 약해진 상태가 고정화된다고 밝혔다. 스트레스에 따라 증상이 고정화되는 기준이 석 달이라는 것이다.

사람은 괴로운 일, 즐겁지 않은 일이라도 단기간에는 이겨낼 수 있다. 그러나 그것이 석 달을 넘어가면 뇌로 가는 스트레스, 뇌에 미치는 대미지가 고정화되어 쉽게 원래의 상태로 돌아가기 어려워진다. 따라서 괴로운 일, 즐겁지 않은 일을 노르아드레날린 동기 부여로 이겨내는 것도 석 달이 한계라는 말이다.

물론 석 달을 넘어서도 지속할 수 있는 사람도 있다. 그 차이가 무엇이냐면 도파민 동기 부여다. 지금 하는 공부나 연습에서 즐거움을 찾는다. 그리고 조금씩이라도 성과를 내고, 숙달한다는 보상이 뇌에 주어지면 지속할 수 있는 동기 부여가 된다.

즉 터널의 길이는 1개월과 3개월이며, 그 두 개의 터널만 빠져나갈 수 있다면 이후에는 장기적으로 지속할 수 있다는 이야기다. 그러니 일단은 1개월과 3개월 길이의 터널을 이겨낼 수 있도록 노력해보자. 그러려면 괴로움을 즐거움으로 바꿔야 하므로 자신에게 포상(보상)을 주자. 그 구체적인 방법에 대해서는 이미 '제2장 뇌가 즐거운 공부법'에서 설명한 대로다.

공부법5 1-3-10년으로 큰 그림을 그리자

전문가가 되려면 필요한 시간

좀 더 커다란 일에 도전하는 경우 역시 석 달 만에 성과를 내기는 어려울 수 있다. 피아노 연습, 농구 숙달, 특수한 기술의 습득, 의사 수련 등 조금 더 긴 터널을 의식해야 할 때가 있다.

그 터널에는 1년, 3년, 10년의 단락이 있다. 예를 들어 중학교 1학년 여자아이가 농구부에 들어갔다. 1년 동안 꾸준히 하면 드리블, 패스, 슛이라는 기본적인 기술을 대강 익힐 수 있다. 2년차에 들어서면 연습 시합에 나가서 실전 경험을 쌓고, 3학년이 되면 대외 시합에 나갈 수 있다. 중학교를 졸업한 후에도 고등학교, 대학교까지 농구를 계속하면 상당한 실력을 갖추게 될 것이다. 이 과정을 합하면 10년이 된다.

정신과 의사는 몇 년 만에 한 사람 몫을 할 수 있을까? 이것도 1-3-10년의 법칙으로 설명할 수 있다. 첫 1년에는 약의 이름과 효과, 약물 요법의 기본, 그리고 환자 대응, 카운슬링의 기본을 배운다('수' 단계). 그러나 이것은 절대 모르면 안 되는 최소한의 지식이다. 운전학원에 다녀서 면허를 취득한 다음 공공도로에 나온 상태가 정신과 의사 1년 차다.

2년 정도 경험을 쌓으면 여러 가지 패턴을 경험할 수 있다('파' 단계). 다양한 질병, 같은 병이라도 경과가 다른 패턴 등을 경험하고, 큰 실수 없이 어떻게든 치료하게 된다. 그것이 3년 차의 수준이다. 그러나 아직도 한 사람 몫을 하는 정신과 의사라고 하기에는 지식도 경험도 부족하다.

정신과 의사로 한 사람 몫을 하는 것이 몇 년 차인지 생각해보면 10년 차 정도일 것이다. 10년 차 정신과 의사라면 정신과 의사가 한 사람만 있는 병원에 근무해도 문제없이 대부분의 케이스에 대응할 수 있다. 자신의 개성과 경험을 살린, 자기만의 방식을 발휘하는 치료 패턴이 정착된다('리' 단계). 10년 차 정도가 되면 이런 수준이 된다.

1년은 최소한의 기본을 배우는 기간이다. 앞서 말했듯이 미국 유학 전에 필사적으로 1년 동안 영어 회화를 공부했더니 최소한의 의사소통이 가능해졌다. 농구부에 들어가 처음 1년 동안의 실력도 눈에 띄게 향상할 것이다.

일본 속담에 "돌 위에도 3년"이라는 말이 있다. 3년은 지속을 위해 중요한 기한이다. 중학교 3년, 혹은 고등학교 3년 동안 공부든 동아리 활동이든 하나에 집중하면 상당한 성과를 얻을 수 있다.

하루 세 시간씩 공부나 연습을 하면 1년, 3년, 10년은 각각 1,000시간, 3,000시간, 1만 시간이 된다. 말콤 글래드웰은《아웃라이어 Outliers》에서 '1만 시간의 법칙'을 말했다. 전문가가 되려면 약 1만 시간의 수련이 필요하다는 의미다. 각 분야의 최정상에서 활약하는 전문가들은 약 1만 시간 동안 정신이 아득해질 정도로 공부나 연습을 꾸준히 해왔다고 한다.

1년 하면 기본을 습득할 수 있다. 3년 하면 제법 실력이 붙는다. 10년 하면 전문가가 된다. 이것이 '1-3-10년의 법칙'이다. 이 기간은 수, 파, 리와도 거의 대응한다.

힘겨울 때는 1-3-10년이라는 숫자를 떠올리기 바란다. 이것은 목표 숫자가 아니다. 처음부터 3년 동안 하자고 생각하면 '2년 6개월이나 남았어'라는 식으로 부정적인 사고가 밀려든다. 6개월 차에 괴로워졌을 때 '남은 6개월 안에 기본을 습득할 수 있다!'라고 긍정적으로 생각하면 동기 부여를 유지하는 데 도움이 된다.

공부법6 꿈을 현실로 만드는 10년을 저금하자

공부는 10년 후 자신을 위한 저금

최근 나는 책을 쓰다가 문득 이런 생각이 들었다. 10년 전에 읽은 책이 지금도 살아 숨 쉬고 있다고. 10년 전에 읽은 책의 핵심이 완전히 내 몸에 스며들어 지금의 나를 만들어 냈다고.

때때로 예전에 읽은 책과 관계있는 착상이 번뜩 떠오르기도 한다. 책을 인용할 때도 10년 전에 한 번 읽었던 구절이 생생히 되살아나기도 한다.

"책을 읽어도 효과가 없다" "공부가 무슨 소용이 있어"라고 말하는 사람이 있다. 그것은 몰두했던 기간이 짧았기 때문이다. 1-3-10년의 법칙으로 보자면 최소 1년은 노력하지 않으면 눈에 띄는 효과가 나오지 않는다. 10년간 지속하면 당연히 확실한 효과가 나온다.

지금 내가 매년 다섯 권이라는 페이스로 책을 쓰는 것은 20대 시절부터 매월 20~30권, 꾸준히 책을 읽으며 지식을 축적해 왔기 때문이다. 이런 공부 습관이 10년 쌓이면 그 분야에서만큼은 아무도 쫓아올 수 없는 경지에 오른다. 그것이 1만 시간의 법칙이며 10년의 법칙이다.

우리가 하는 공부는 10년 후 자신을 위한 저금이다. 현재 회사나 사회에서 활약하는 사람들은 10년 전에 공부를 게을리하지 않고, 다양한 기초 능력을 쌓아 올렸기에 성과를 내고 있다.

그리고 10년 노력한 사람은 자신의 꿈을 실현할 수 있다. 나는 1984년 대학 시절 '나도 책을 내고 싶다'라고 진지하게 생각해서 그때부터 거의 매일 몇 시간씩 꾸준히 글을 쓰는 생활을 해왔다. 처음 책을 출간한 때가 2002년이니 18년쯤 걸렸다. 그사이 집필에 들인 시간은 하루에 2시간씩 했다고 해도 1만 3,000시간이다.

10년, 1만 시간 동안 경험치를 쌓아 올리면 확실히 커다란 꿈도 실현할 수 있다. 10년이라고 하면 긴 시간 같지만, 지나가 보면 눈 깜짝할 사이다. 나는 20년 가까이 거의 매일 이메일 뉴스레터를 발행해 왔지만, 시작한 지 얼마 되지 않은 기분이 든다.

지금의 내가 실망스러운 사람은 10년 전에 공부라는 저금을 하지 않았기 때문이다. 10년을 뛰어넘는 공부법을 할 자신도 없고, 10년은 어렵다고 생각하는 사람도 많을 것이다. 하지만 절대 어렵지 않다. 10년을 뛰어넘는 공부법은 성공을 보증하는 법칙이다.

10년 노력하면 꿈이 실현된다고 해도 99퍼센트의 사람은 그럴 자신이 없다고 생각한다. 10년을 해내는 사람은 1퍼센트 이하다. 공부의 진정한 효과는 시간차를 두고 돌아오기 때문에 대부분 공부나 노력의 효과를 실감하지 못하고 중도 포기한다. 한마디로 자신이 10년 노력하자고 결정했다면 그 순간에 실현한 것과 마찬가지다. 라이벌이 거의 존재하지 않기 때문이다. 1퍼센트라고 했지만, 실제로는 0.1퍼센트, 아니 더 이하일 수도 있다. 할 것인가, 하지 않을 것인가? 선택지는 오로지 그뿐이다.

공부법 7 함께 성장하면 더 멀리 갈 수 있다

동료가 있으면 불가능이 가능으로

"10년 지속하자"라고 말해도 99퍼센트의 사람은 못한다고 생각한다. 그것이 완전히 틀렸다고 말할 수는 없지만, 정확히는 나 혼자는 못한다고 해야 한다. 자기 혼자 10년 동안 노력하는 사람은 없을 것이다.

지도해주는 코치, 지원을 아끼지 않는 아내와 남편, 회사 동료처럼 뜻이 같은 사람이 있어야 3년, 10년이라는 시간을 지속할 수 있다. 지속하기 위한 최종 원칙은 혼자 하지 않는 것이다. 뜻을 높이 가지고, 꿈을 공유할 수 있는 동료와 함께 노력한다면 괴로움이 즐거움으로 쉽게 바뀐다.

나는 2009년부터 강사와 저자를 목표로 하는 '웹 심리 학원'을 운영하고 있는데, 학원생들이 눈부시게 활약하고 있다. 절반 이상은 이미 강사가 되었고, 책을 출간한 사람은 200명을 넘었다. 강사와 출간이라는 장벽을 보란 듯이 뛰어넘은 것이다. 그중에는 10만 부를 넘긴 베스트셀러 작가가 4명이나 있다. 점포에 오는 고객 수를 두 배 늘린 사람도 있고, 매출을 두 배로 키운 회사 경영자도 있다.

동료와 함께 성장하면서 꾸준히 인풋과 아웃풋을 하면 반드시 성과가 나온다는 이 책의 노하우를 그들의 활약이 증명하고 있다.

16년 전에는 나까지 포함해 학원생 모두가 적당한 수준이었을지도 모른다. 하지만 함께 성장하는 동료가 있으면 꾸준히 나아갈 수 있고, 올바른 방향으로 필요한 노력을 하는 한 틀림없이 성공이 찾아온다.

먼저 동료를 찾자. 그리고 동료와 함께 서로 도우면서 공부하고, 연습하고, 노력을 거듭하자. 혼자선 힘든 일도 동료가 있으면 불가능이 가능으로 바뀔 수 있다.

정신과 의사가 공부법을 처방한 이유

지금까지 어른의 공부법, 그리고 최신 연구를 바탕으로 한 낭비 없이 한 만큼 반드시 성과가 나온다는 것에 초점을 맞춰 뇌과학과 심리학적 근거가 있는 공부법을 소개했다.

이 책을 한마디로 말하자면 "아웃풋하자"라고 할 수 있다. 아웃풋의 중요성을 말하는 공부법 서적은 있지만, 이 책처럼 인풋은 오프닝 공연, 아웃풋은 본공연이라고 단언한 책은 지금까지 없었을 것이다.

최신 뇌과학 연구에서는 아웃풋의 효과를 뒷받침하는 데이터가 많이 나오고 있다. 또한 일본의 학교 교육에는 액티브 러닝이 도입되는 등 아웃풋 중심의 공부법이 가장 효과적이라는 상식이 앞으로 자리 잡을 것이다.

하지만 우리는 자신을 표현하고 자기 의견을 말하는 데 서툴러서 아웃풋과 친해지지 못한다. 그렇기에 아웃풋 공부법은 모두가 하지 않는 만큼, 하는 사람은 반드시 성공한다.

무엇보다 해보면 알 수 있겠지만, 아웃풋을 하면 주변의 평가가 달라지고, 감사 인사를 듣게 되어 삶이 즐거워진다. 공부하면 떠오르는 괴로운 이미지가 즐거움으로 바뀌는 순간 뇌는 밸브를 활짝 열고 활동을 시작한다. 그것이 앞으로 당신의 두뇌 상태다.

3개월 후, 12개월 후, 그리고 3년 후, 10년 후, 당신은 틀림없이 폭발적인 자기 성장을 실감할 것이다. 그리고 효율적인 공부법을 실천하고 있는 자신의 모습을 보고, 무리 없이 즐겁게 공부할 수 있는 슈퍼 아웃풋 공부법을 손에 넣어 진심으로 다행이라고 생각할 것이다.

정신과 의사가 공부법 책을 쓴 이유

아웃풋은 내 인생 자체다. 이 책에서 소개한 아웃풋 중심의 공부법은 내가 매일 하고 있는 생활 습관 자체이며, 내 삶의 방식이자 생활 모습이다.

나는 정신과 의사로서 어떤 사명을 내걸었다. 바로 사람들의 자살과 우울증을 줄이는 일이다. 나아가 정신 질환에 국한되지 않고 병으로 고통받는 사람을 한 사람이라도 줄이는 일을 내 활동의 기본으로 삼고 있다.

터무니없는 일을 꿈꾼다고 생각하는 사람도 많을 테지만, 전략은 간단하다. 건강과 질병에 관한 올바른 지식을 널리 알려서 병에 걸리기 전에 예방하고자 하는 것이다. 환자들은 병에 걸리기 전까지 그 병에 대해 무관심한 경우가 대부분이다. 따라서 병에 걸리면 매우 초조해하고 불안해한다.

환자에게 그 병에 대해 알기 쉽게 설명된 소책자를 건네기도 한다. 그 병에 관해 자주 하는 질문과 답이 전부 담겨 있지만, 환자의 99퍼센트는 그 소책자를 읽지 않는다. 평소 독서하거나 공부하는 습관이 없기 때문이다. 평상시 책을 전혀 읽지 않는 사람이 몸이 아픈 상태에서 책을 읽을 리가 없다.

건강이나 질병 예방에 평소 관심이 높은 사람은 병의 예방법을 공부한다. 건강 정보에도 관심이 많아서 식사, 운동, 수면에도 주의를 기울인다. 결과적으로 병에 걸릴 확률을 크게 줄일 수 있다.

지식이야말로 병을 예방한다. 나는 건강이나 예방법에 관한 지식이 병을 예방해준다고 확신한다. 그래서 관련 지식을 한 명이라도 더 많은 사람이 알기 바라는 마음에서 유튜브 동영상을 거의 매일 업로드하고, 이메일 뉴스레터를 거의 매일 발행하고 있다.

공부하는 습관을 들이면 현실이 바뀌고, 자기 성장을 하고, 행복해지면서 동시에 건강이라는 더없이 소중한 것을 손에 넣을 수 있다. 건강 정보, 질병 예방과 관련된 지식, 병을 치료하는 방법을 더 널리 알리기 위해 한 명이라도 많은 사람이 공부하는 습관을 들이기 바란다.

이것이 정신과 의사인 내가 공부법 책을 쓴 진정한 이유다. 공부를 당연한 생활 습관처럼 하고, 건강과 질병 예방에 관심이 높아져 병에 걸리는 사람을 한 명이라도 줄이는 데 이 책이 도움이 된다면 정신과 의사로서 더할 나위 없이 행복할 것이다.

가바사와 시온

[주요 참고문헌]
※순서 무관

— 피터 브라운, 헨리 뢰디거, 마크 맥대니얼 지음, 김아영 옮김,《어떻게 공부할 것인가Make It Stick》(와이즈베리)

— 베네딕트 캐리 지음, 송정화 옮김,《공부의 비밀How we learn》(문학동네)

— 안데르스 에릭슨, 로버트 풀 지음, 강혜정 옮김,《1만 시간의 재발견Peak: Secrets from the New Science of Expertise》(비즈니스북스)

— 이케가야 유지 지음, 김준균 옮김,《기억력 학습법記憶力を強くする》(지상사)

— 이케가야 유지 지음, 하현성 옮김,《최적의 공부 뇌受験脳の作り方》(포레스트북스)

— 모기 겐이치로 지음, 이근아 옮김,《뇌가 기뻐하는 공부법脳を活かす勉強法》(이아소)

— 모기 겐이치로 지음, 박재현 옮김,《업무뇌脳を活かす仕事術》(브레인월드)

— 와다 히데키 감수,《도해 대학 수험의 신이 가르쳐주는 기억법 대전図解大学受験の神様が教える記憶法大全》(디스커버 투웬티원)

— 야마모토 다카오 지음, 정현옥 옮김,《스스로 배우는 학생을 만드는 가르치지 않는 수업なぜ教えない授業が学力を伸ばすのか》(솔빛길)

— 말콤 글래드웰 지음, 임옥희 옮김,《티핑포인트The Tipping Point》(21세기북
스)

— 말콤 글래드웰 지음, 노정태 옮김,《아웃라이어Outliers》(김영사)

— 도야마 시게히코 지음, 전경아 옮김,《생각의 도약思考の整理学》(페이지2북
스)

— 다치바나 다카시 지음, 박성관 옮김,《지식의 단련법知のソフトウェア》(청어
람미디어)

— 스티븐 킹 지음, 김진준 옮김,《유혹하는 글쓰기On Writing》(김영사) Dale,
Edgar. (1946) The "Cone of Experience", Audio-Visual Methods in
Teaching NY: Dryden Press.

— 아리타 히데호 지음,《뇌에서 스트레스를 지우는 기술脳からストレスを消す
技術》(선마크 출판)

— 가바사와 시온 지음, 오시연 옮김,《당신의 뇌는 최적화를 원한다脳を最適
化すれば能力は2倍になる》(쌤앤파커스)

— 가바사와 시온 지음, 은영미 옮김,《나는 한 번 읽은 책은 절대 잊어버리
지 않는다読んだら忘れない読書術》(나라원)

— 가바사와 시온 지음, 박성민 옮김,《외우지 않는 기억법覚えない記憶術》(라
의눈)

당신의 인생을 바꾸는

슈퍼 아웃풋 공부법

초판 1쇄 | 2025년 12월 30일
　　2쇄 | 2026년 1월 7일

지은이 | 가바사와 시온
옮긴이 | 정지영

발행인 | 박장희
대표이사 겸 제작총괄 | 신용호
본부장 | 이정아
책임편집 | 최민경
기획위원 | 박정호
마케팅 | 김주희 이현지 이나경 한류아

디자인 | design co*kkiri

발행처 | 중앙일보에스(주)
주소 | (03909) 서울시 마포구 상암산로 48-6
등록 | 2008년 1월 25일 제2014-000178호
문의 | jbooks@joongang.co.kr
홈페이지 | jbooks.joins.com
인스타그램 | @j_books

ⓒ 가바사와 시온, 2025

ISBN 978-89-278-1348-4　03370

중앙북스는 중앙일보에스(주)의 단행본 출판 브랜드입니다.